Andrea Faust & Hartmut Godenau

Auswandern –
und was kommt danach?

Die ersten 11 Jahre in Neuseeland

MANA

Inhalt

Australien – Wie alles begann

Angefangen hat alles 1990, als mein Partner, Hartmut, und ich eine Reise nach Australien buchten. Wir waren mit unseren Jobs zufrieden, verfügten über genügend Freizeit, um uns die Welt anzusehen und es gab eigentlich keinen Grund, unsere Heimat für immer zu verlassen. Warum zog es uns also ausgerechnet nach Australien? Nun, ich hatte dort schon seit meinem 14. Lebensjahr eine Brieffreundin, Ros, mit der ich regelmäßig korrespondierte. Die Adressen waren damals in der Schule ausgetauscht worden, und nachdem sie uns ein Jahr zuvor in Deutschland besucht hatte, nahmen wir uns vor, ihr auch einen Besuch in Australien abzustatten. Außerdem hatten wir beide – Hartmut und ich – das Bedürfnis, uns das andere Ende der Welt als Ziel für unseren allerersten gemeinsamen Urlaub zu setzen.

Gesagt, getan. In Sydney holte uns eine alte Bekannte vom Flughafen ab. Wir beide waren im gleichen Ort aufgewachsen und standen uns noch sehr nahe. Wir begrüßten uns im heimischen Dialekt, sodass ihr Mann und Hartmut schmunzeln mussten. Es war schön, so weit von der Heimat entfernt ein vertrautes Gesicht zu sehen.

Nach ein paar Tagen traten wir unsere Reise an und tingelten die Ostküste in Richtung Southport hoch, wo wir meine Brieffreundin Ros besuchen wollten. Wir fanden das Haus auf Anhieb und als wir mit unserem kleinen Van direkt davor parkten, öffnete sich schon die Haustür und Ros und ihre Mum begrüßten uns mit einem strahlenden Lächeln im Gesicht. Was für ein Empfang – und das auf der anderen Seite der Welt! Wir blieben fast eine Woche, um die Gold Coast gemeinsam zu erkunden. Dann hieß es leider schon wieder Abschied nehmen.

Die folgenden sechs Wochen Australien mit dem *Campervan* – immer an der Ostküste entlang – waren einfach nur ein einmaliges Erlebnis. Zum ersten Mal kam uns der Gedanke, dass wir in diesem Land vielleicht leben könnten. Die offene Mentalität der Menschen, die atemberaubende Natur, das herrliche Wetter, die herzliche Gastfreundschaft – all das hatte uns buchstäblich verzaubert und blieb uns noch sehr lange in Erinnerung.

Warum gerade Neuseeland?

Nun wird sich jeder fragen, wie wir nach den positiven Erfahrungen in Australien dazu kamen, uns für Neuseeland zu entscheiden. Australien war zu diesem Zeitpunkt tatsächlich unser Traumland, aber die Einwanderungsbedingungen waren wesentlich härter als die für Neuseeland. So entwickelte sich Neuseeland zu einer echten Alternative für uns. Um unsere Beziehung zu Neuseeland besser erklären zu können, muss ich ein paar Jahre zurückgreifen. Mein Partner und ich waren mit der Schulklasse auf dem zu der Zeit neu errichteten Olympiagelände in München. (Ja, wir kannten uns wahrhaftig schon zu Schulzeiten – unsere Wege trennten sich und wir fanden uns Jahre später wieder.) Der Bus sollte in etwa einer Stunde wieder losfahren. Wir schlenderten noch einmal zu einem Restaurant und als wir an den Toilettenräumen vorbei gingen, hörten wir eine Frau in englischer Sprache um Hilfe rufen. Sie hatte sich eingeschlossen und konnte ohne Hilfe nicht mehr heraus. Einer Klassenkameradin und mir war es möglich, sie zu befreien.

Die ältere Dame hieß Joan Dawson und kam aus Neuseeland. Sie war uns so dankbar, dass sie uns unbedingt auf einen Apfelstrudel einladen wollte. Wir hatten zwar nur noch wenig Zeit, aber das Angebot nahmen wir gern an. Joan war ein liebenswertes und einfühlsames Wesen, was die Unterhaltung mit ihr sehr leicht machte. Wir tauschten Adressen aus, verabschiedeten uns herzlich und waren gerade rechtzeitig zur Abfahrt des Busses wieder zurück.

Ein paar Wochen später schon erhielt ich Post aus dem „Land der langen weißen Wolke" – mit einer selbst gehäkelten Mütze im französischen Stil und unheimlich gut duftender Seife darin. Natürlich war auch ein lieber Dankeschön-Brief dabei. Das war der Beginn einer sehr intensiven Brieffreundschaft, die über Jahre hielt.

Ich hatte mittlerweile eine Ausbildung angefangen, die mir Spaß machte und die ich liebte. Meine Wände im Büro waren mit Neuseeland-Kalendern geschmückt, die *One Tree Hill* zeigten und viele andere nennenswerte Ausflugsziele in Auckland. Joan Dawson wohnte in Takapuna (Auckland) an der *North Shore* – auf der anderen Seite der *Harbour Bridge*. Einer ihrer Söhne lebte in Österreich und war Arzt, der andere war Tierarzt in Takapuna. Sie schickte Familienfotos und auch Landschaftsaufnahmen und langsam wurde mein Interesse für dieses Land geweckt. Ich wollte einfach unbedingt irgendwann einmal dorthin fliegen, um mir alles selbst anzusehen.

Mit der Zeit war Mrs. Dawson kränklich geworden und hatte eine Haushaltshilfe eingestellt. Diese sei ein lustiges, zuverlässiges junges Kiwimädchen in meinem Alter (damals circa 16 Jahre) und wünsche sich dringend eine Brieffreundin aus Europa – berichtete mir Joan. Daraufhin schrieb nicht nur sie, sondern auch Olwyn, die neue Haushaltshilfe, mehr oder minder regelmäßig. Wir berichteten uns gegenseitig über alles, was das Herz bewegte – von alltäglichen Begebenheiten über Hobbys bis hin zur ersten großen Liebe. Es war rundherum schön. Olwyn, die von allen Oly genannt wurde, wohnte ebenfalls in Takapuna. Sie blieb zwar nur ein paar Jahre bei den Dawsons, da andere Verpflichtungen auf sie warteten, der Kontakt blieb jedoch weiterhin bestehen.

Nach langer Zeit eines regen Briefwechsels bekam ich keinerlei Post mehr von Mrs. Dawson. Das bedrückte mich und ich ahnte, dass irgendetwas nicht in Ordnung war. Eines Tages kam ein Brief mit dem Absender „Paula Dawson". Ich hatte nie von ihr gehört, wusste aber, dass es nichts Gutes sein konnte. Paula war Joans Schwiegertochter, die mir mitteilte, dass Joan verstorben sei. Sie wusste, dass wir in innigem Briefkontakt gestanden hatten und wollte es mich unbedingt wissen lassen. Auch Oly berichtete mir davon, allerdings erst eine ganze Weile später. Es tat mir sehr leid.

Glücklicherweise blieben Oly und ich weiterhin in Kontakt, der jedoch wesentlich weniger wurde, je älter wir wurden. Sie heiratete, bekam zwei Kinder und so blieb ihr natürlich nicht mehr die Zeit für einen „ausführlichen" Briefwechsel. Aber zwei Briefe im Jahr schrieben wir uns ganz bestimmt. Trotzdem waren wir uns irgendwie vertraut und ich hatte immer noch das Gefühl, dass wir uns alles schreiben konnten, was in uns vorging. Das bedeutete mir sehr viel.

Die ersten Schritte in Richtung Immigration

In den Jahren nach unserem Australienurlaub erkundeten wir Italien und Ostdeutschland und wir segelten in der Karibik. Neuseeland war allerdings immer noch nicht ganz aus unseren Köpfen verschwunden. 1995 fand Hartmut in der Zeitung eine Anzeige von einer Immigrationshilfe-Agentur in Auckland, die er kontaktierte. Daraufhin erhielten wir alle möglichen Adressen von deutschen und auch neuseeländischen Firmen, die uns behilflich sein sollten, uns für Jobs in Neuseeland zu bewerben. Selbstverständlich mussten wir dafür zahlen, aber der Preis hielt sich in Grenzen und wir hatten auch nicht vor, deren Hilfe lange in Anspruch zu nehmen.

Also begannen wir, Bewerbungen zu schreiben und eine nach der anderen abzusenden, in der Hoffnung, ein Job-Angebot – auf Englisch „Job Offer" – zu bekommen. Eines Abends erhielten wir einen Anruf von einem deutschen Bäcker aus Auckland. Er war Berliner und hatte meine Bewerbung bekommen. Da er vorhatte, nach Deutschland zu kommen, vereinbarten wir einen Termin und einen Treffpunkt, wo wir ein so genanntes Interview abhalten konnten. Dieses sollte an einer Raststätte an der Autobahn in der Nähe unseres Heimatortes stattfinden.

Meine Güte, war ich aufgeregt. Schick gekleidet und nicht ahnend, was mich erwarten würde, fuhr ich los. Mit all den Beschreibungen, die ich erhalten hatte, war es nicht schwer, die gesuchte Person ausfindig zu machen. Ich traf einen fülligen Herrn Mitte 50, mit typischem Berliner Akzent und einer echten »Berliner Schnauze« – das ist nicht negativ gemeint. Nach circa einer viertel Stunde war die Unterhaltung völlig locker und unbeschwert. Mein Gesprächspartner war lustig, trotzdem schien er nicht aus Spaß gekommen zu sein. Wir unterhielten uns ausführlich über Hartmuts und meine Pläne und schließlich erzählte auch er, was er eigentlich mit mir geplant hatte: Ich sollte für ihn Milchreis in China verkaufen – wie auch immer er sich das gedacht hatte. Er scherzte nicht, es war sein völliger Ernst. Milchreis sei der absolute Knüller und er wolle unbedingt der Erste mit diesem Produkt in China sein.

Natürlich konnte und wollte ich an Ort und Stelle weder ja noch nein sagen und teilte ihm mit, dass wir das alles erst einmal zu Hause besprechen müssten. Wir hätten aber sowieso vor, in der nahen Zukunft nach Neuseeland zu reisen, und dann könnten wir ihn nochmals aufsuchen und alles Weitere besprechen.

Urlaub in Neuseeland und Erkunden der Möglichkeiten

Ja, das hatten wir uns wirklich vorgenommen. Wir wollten nach Neuseeland, um unsere Chancen selbst zu testen. Gesagt, getan. Wir buchten den Flug und saßen Anfang Dezember 1995 im Flugzeug von Frankfurt über Amerika nach Auckland.

Schon von Deutschland aus hatten wir uns ein zwei-Personen-Wohnmobil gemietet, das wir in Auckland abholen konnten. Die Besitzer der *Campervan*-Vertretung waren Deutsche – sehr hilfsbereit und nett. Nach Erledigung aller Formalitäten ging es los. Das schien allerdings gar nicht so einfach zu sein, denn nach einem langen Flug auf der anderen Straßenseite zu fahren und die Orientierung zu behalten, forderte uns einiges ab.

Zuerst wollten wir Oly und ihre Familie besuchen. Als wir es endlich bis nach Takapuna an der North Shore von Auckland geschafft hatten, tuckerten wir die Jutland Road entlang und suchten nach der entsprechenden Hausnummer. Oly wusste von unserem Besuch. An Ort und Stelle angekommen, stiegen wir aus und klopften an die Haustür. Nach ein paar Minuten stand eine strahlende, blonde junge Frau vor uns, die sich unglaublich zu freuen schien, uns zu sehen. Wir umarmten uns, als würden wir uns schon seit Jahrzehnten kennen. Das war ein sehr bewegender Moment. Nachdem wir dem Rest der kleinen Familie vorgestellt worden waren, verbrachten wir den Nachmittag mit Reden und Kaffeetrinken. Wir waren endlich in Neuseeland und noch dazu Gast bei sehr lieben Menschen – es war unbeschreiblich!

Wir hätten auf dem Hinterhof oder an der Straße in unserem Camper übernachten können. Das wollten wir aber nicht. Also fuhren wir – nach ein paar Stunden Beisammensein –

hinunter zum Takapuna Beach zum dort gelegenen Campingplatz. Es war ein schönes Fleckchen Erde, direkt am Meer, mit
einer wunderbaren Aussicht. In der Nähe gab es auch Shops
und Restaurants für den Fall, dass wir noch etwas hätten einkaufen müssen oder essen gehen wollten. Aber wir waren einfach nur happy, gingen noch ein wenig spazieren und genossen
den Abend.

Am nächsten Tag sahen wir uns die Gegend etwas genauer
an. Als wir uns in die Sitzecke des Campingplatz-Kiosks setzten, um ein Eis zu essen, kam ein älterer Herr auf uns zu und
fing ein Gespräch mit uns an. Ken – so hieß unser neuer
Bekannter – schien regelmäßig am Takapuna Beach spazieren
zu gehen. Nachdem wir uns eine recht lange Zeit unterhalten
hatten, stellte sich wieder einmal Unglaubliches heraus: Wir
schauten uns ein paar Fotos an, die wir mitgebracht hatten.
Sie zeigten Joan Dawson und deren Familie, Oly und andere
Personen, die uns wichtig waren. Als Ken das Foto von Joan
Dawson sah, schaute er uns erstaunt an und meinte, dass sie
eine der ersten Kundinnen in seinem Geschäft gewesen sei. Er
habe sie recht gut gekannt, ebenso die gesamte Familie. Wie
klein doch die Welt ist – dachte ich. Später sollte sich heraus-
stellen, dass solche „Zufälle" sehr typisch für Neuseeland sind.

Der Bann war nun gebrochen und wir freundeten uns
immer mehr an. Abends kam Ken noch einmal zum Abendessen vorbei. Es gab noch so viel zu erzählen und wir genossen
es auch sehr, ihm einfach nur zuzuhören. Interessant war, dass
auch er in der Jutland Road wohnte – wo Oly und deren Familie lebten und wir den vorherigen Tag verbracht hatten. Später
zeigte er uns sein Zuhause, in dem er seit ein paar Jahren –
nachdem seine Frau gestorben war – alleine lebte. Es war ein
wunderschönes Haus mit Blick auf die *City* von Auckland und
den Hafen.

Als ich so über die Hecke schaute und ihm sagte, welch ein
herrlicher Ausblick das sei, meinte er nur, dass er sich dafür
nichts kaufen könne. Das hörte sich im ersten Moment hart an,
aber inzwischen verstehe ich, was er damit meinte.

Ken fuhr mit uns zu dem Grundstück, wo die Dawsons einmal gewohnt hatten. Als ich das Haus und den Garten so sah, kamen alle Erinnerungen zurück und ich konnte die Fotos vor mir sehen, die Joan mir geschickt hatte. Es stimmte mich ein wenig traurig, dass ich jetzt hier an diesem Ort war und Mrs. Dawson leider nicht mehr persönlich begrüßen konnte. Und doch war ich auch überglücklich, endlich einmal all die Dinge zu sehen, die ich sonst immer nur auf dem Papier betrachtet hatte.

Kurz bevor wir uns verabschiedeten, bat uns Ken noch um einen kleinen Gefallen: er hatte im Jahr zuvor ein deutsches Pärchen kennen gelernt, bei denen er Trauzeuge gewesen war. Sie hießen Conny und Karsten und kamen aus Goslar. Nun wollte er die beiden mit einem Geschenk überraschen. Wir bekamen von Ken alle Angaben und versprachen ihm, mit den beiden in Kontakt zu treten, sobald wir wieder in Deutschland wären. Dann bat er uns noch, sie von seinem Telefon aus anzurufen und ihnen die Situation kurz zu erklären, was wir selbstverständlich gern taten. Sie hörten sich nett an. Dann verabschiedeten wir uns von Ken und starteten unsere Neuseeland-Tour. Wir waren uns ganz sicher, Ken und auch Oly nach unserem Trip noch einmal wiederzusehen.

Zuerst hatten wir vor wegen unserer Bewerbungen und möglicher Jobangebote noch ein bisschen in Auckland zu bleiben. Die Nacht verbrachten wir auf dem Avondale-Campingplatz, der im Stadtzentrum lag und von wo aus wir alles ohne Probleme erreichen konnten. Am nächsten Tag fragten wir bei Agenturen nach, nahmen uns Broschüren mit, fuhren bei Mr Chong – dem Herrn von der Immigrationshilfe, der uns all die wichtigen Adressen geschickt hatte – vorbei und besuchten unseren Bäcker aus Berlin, der mich gern angeheuert hätte, um Reisbrei in China zu verkaufen. Dann endlich düsten wir auf dem *Highway No 1,* dem einzigen *Highway,* den es in Neuseeland gibt, in Richtung Süden los.

Auf unserer Fahrt verzauberte uns die faszinierende Landschaft Neuseelands. So legten wir zum Beispiel einen Zwischenstopp in Rotorua ein und sahen uns die beeindruckenden Whakarewarewa-Geysire an. Auch eine *Marae* der dort lebenden Maoris besuchten wir, sahen uns die Tanzveranstaltungen an und hörten den Maori-Gesängen zu. Es war atemberaubend. Während der Veranstaltung war es nicht erlaubt, Videokameras zu benutzen – allerdings hätte man Videos kaufen können. Uns war es nicht so wichtig zu filmen, aber die Musik »mussten« wir einfach heimlich aufnehmen. Darüber haben wir uns später, zu Hause in Deutschland, noch mächtig gefreut.

Mit unserem kleinen Camper konnten wir direkt am See in Rotorua übernachten. Als wir abends noch einen kleinen Rundgang unternahmen, sahen wir aus fast jedem Kanaldekkel dicke Nebelschwaden aufsteigen. Und noch etwas fiel uns auf – der Geruch fauler Eier! Genau so roch es überall in und um Rotorua.

Am nächsten Tag ging es dann weiter in Richtung *Lake Taupo*. Vorher bogen wir jedoch noch einmal zu den berühmten Wasserfällen, den Huka Falls, ab. Dort bot sich uns ein beeindruckendes Schauspiel. Das Wasser selbst war strahlend blau und wirbelte nur so über das mächtige Gestein. Es war wunderschön anzusehen. Leider hatten wir nicht allzu viel Zeit und so hieß es, weiter fahren in Richtung Süden.

Der Campingplatz, den wir angesteuert hatten, war wunderschön oberhalb des Sees gelegen. Von dort hatten wir eine herrliche Aussicht. Nach einem leckeren Abendessen und einem netten Spaziergang an der Promenade des *Lake Taupo* entlang machten wir uns es noch ein bisschen vor unserem *Campervan* gemütlich und schmiedeten ein paar Pläne für die nächsten Tage, bevor wir in das Land der Träume entwichen.

Für den folgenden Tag hatten wir uns eine größere Etappe, bis runter nach Wellington, vorgenommen. Gesagt, getan. Allerdings wählten wir dieses Mal nicht den *Highway No 1*, sondern fuhren über Napier und Hastings. Auch dieser Tag war mit sehr netten Erlebnissen gefüllt. Egal, wo wir anhielten oder mit wem wir ins Gespräch kamen, die Menschen waren stets freundlich und hilfsbereit, immer ein Lächeln auf den

Lippen. Als wir schließlich nur noch etwa eine halbe Stunde von Wellington entfernt waren, fuhren wir einen Campingplatz zum Übernachten an. Am nächsten Tag wollten wir mit der Fähre in Richtung Südinsel aufbrechen. Am Morgen herrschte im Hafen von Wellington schon ordentlich Betrieb. Wir befanden uns eben mitten in der Hochsaison. So blieb uns nichts anderes übrig, als uns in die Schlange einzureihen und zu warten, bis wir nach einer halben Ewigkeit endlich auf die Fähre rollen durften. Diese war recht neu und mit einigen Annehmlichkeiten an Bord versehen. Das Wetter war sonnig und nicht sehr windig. Wir hatten nämlich schon genügend Schauermärchen von stürmischen Überfahrten gehört.

Nach etwa drei Stunden Fahrt konnten wir in der Ferne unser Reiseziel, Picton, auf der Südinsel erkennen. Picton ist ein kleines Städtchen, das vom Tourismus lebt. Es liegt in einer kleinen Bucht, Fährgeschäfte und Übernachtungsmöglichkeiten bilden die Haupteinnahmequellen. Auch dort war es kein Problem, einen Campingplatz zu finden. Zu Fuß erkundeten wir unsere Umgebung, was immer wieder ein Erlebnis war. Wir unterhielten uns mit Einheimischen, welche uns ein paar Tipps für unsere Weiterreise gaben.

Am nächsten Morgen brachen wir nach Nelson auf und fuhren über Havelock an der Küste entlang. Das Wetter meinte es wieder gut mit uns und die *Marlborough Sounds* zeigten sich in den schönsten Farben. In Nelson angekommen, parkten wir unseren *Campervan* an einer der Hauptstraßen. Plötzlich kam ein Herr auf uns zu, sprach Hartmut an und fragte ihn, ob er Hartmut sei. Unglaublich! Woher kannte er seinen Namen? „Was für eine verrückte Welt", dachten wir zunächst. Aber als er uns dann erklärte, dass er bei der Autovermietung, von der wir unseren *Campervan* gemietet hatten, arbeite und nur noch ein anderes Pärchen mit einem ihrer Wohnwagen unterwegs sei, wurde uns einiges klar. Wir konnten nur „entweder" „oder" sein. Er hatte den Van auf der Straße parken gesehen.

Wir zwei „Kaffeesüchtigen" brauchten nun erst einmal

dringend einen starken Kaffee und setzten uns in ein nettes Café in der Haupteinkaufsstraße. Um uns herum herrschte ein buntes Treiben – die Sonne schien, alle Tische waren voll besetzt und die Menschen gut gelaunt. Nelson ist schon ein schönes Städtchen. Es gab viel zu sehen und zu beobachten. Nach einem kleinen Stadtbummel und einem Abstecher zum Strand begaben wir uns wieder auf die Suche nach einem Campingplatz. Diesmal entschieden wir uns für einen, der mitten im Busch lag und alles, was das Camper-Herz begehrt, anbot. Die Stehplätze waren sehr weitläufig gestaltet und da es viel Wald rundherum gab, strahlte der Ort eine besondere Atmosphäre aus. Selbstgebaute Wohnmobile mit außergewöhnlichen Konstruktionen, welche toll anzusehen waren, standen auf den Plätzen. Wir fanden es sehr interessant, dass die dort lebenden Menschen jeden Morgen schick angezogen zur Arbeit fuhren.

Hier machten wir auch zum ersten Mal Bekanntschaft mit den *Sandflies*. Auf diese Erfahrung hätten wir gern verzichtet, aber irgendwie gehören sie wahrscheinlich zum Outdoor-Erlebnis dazu. Sie stechen nicht – sie beißen! Jedes Mal, wenn sie zugeschlagen haben, quillt ein klitzekleines Tröpfchen Blut aus der Bisswunde. Das ist aber noch nicht das Schlimmste. Wirklich lästig ist, dass die Bisse auch nach zwei Wochen einfach nicht zu jucken aufhören wollen. Aber gut, irgendwann einmal sind auch diese Bisse vergessen – bis zur nächsten Begegnung mit den *Sandflies* jedenfalls.

Neuer Tag, neues Ziel. Wir fuhren weiter in Richtung Abel Tasman Park, wo wir auf der Old MacDonald's Farm, einem Campingplatz in der Nähe des Meeres, übernachteten. Die sehr schön angelegten Wege luden zu langen Spaziergängen ein. Leider hatten wir aber nicht die Zeit, um mehrere Tage dort zu verbringen.

So gut uns diese Gegend auch gefiel, eine unangenehme Erinnerung blieb: die *Sandflies* hatten wieder angegriffen – und dieses Mal noch stärker als zuvor. Das veranlasste uns dazu, uns endlich ein Mittelchen aus der Apotheke zu besorgen, um diesen kleinen Biestern, welche mit besonderer Vorliebe in die Füße und Beine stechen, den Garaus zu machen.

Von der Tasman Bay ging es dann weiter über Westport und Greymouth zum Franz-Josef-Gletscher. Wir besichtigten alle Sehenswürdigkeiten, die auf dem Weg lagen, wie z.b. die *Pancake Rocks*, hielten uns an einem Ort aber nie länger als einen Tag auf. Auf dem Campingplatz am Franz-Josef-Gletscher machten wir zum ersten Mal Bekanntschaft mit den Keas. Diese Papageienart wird circa 50 Zentimeter groß. Ihr Federkleid schimmert in verschiedenen Grüntönen. Sie sind die einzigen Vögel, die miteinander spielen. Außerdem lieben sie Gummi.

Neben uns stand ein Auto mit einem Wohnwagen, bei dem sich ein Kea gerade an den Scheibenwischern zu schaffen machte. Das Fenster des Wohnwagens öffnete sich und – schwups – kam ein Hausschuh in Richtung des Vogels geflogen. Danach landeten Keas auf unserem *Campervan* und spähten durch die Dachluke. Meine Güte – waren diese Vögel schön anzusehen, viel beeindruckender und imposanter, als wir sie uns vorgestellt hatten.

Die nächste Etappe führte uns über den Haast-Pass vorbei am *Lake Wanaka* und am *Lake Hawea* nach Cromwell. Von dort aus bogen wir ein Stück von der Hauptstraße ab, da wir uns das Schauspiel des *Bungee Jumping* in Queenstown nicht entgehen lassen wollten. Dann ging es weiter durch Alexandra und Ranfurly nach Oamaru. Dieser Ort ist dafür bekannt, dass alle Arten von Pinguinen an der Küste brüten. Wir waren natürlich sehr gespannt darauf, einige von ihnen zu sehen.

Ein langer abendlicher Spaziergang führte uns zu den Felsen, von denen aus wir eine gute Sicht besaßen. Und da kamen sie auch schon. Ein ganzer Schwarm Pinguine schwamm zum Strand. Dann watschelten die putzigen Tiere in ihren schwarz-weißen Uniformen durch den Sand zu den Felsen und krabbelten zu ihren Nestern hoch. Fasziniert sahen wir zu, wie jeder einzelne sein Zuhause wiederfand. Ein unvergessliches Erlebnis.

Über Timaru ging es am nächsten Morgen weiter nach Christchurch, eine sehr schöne Stadt im typisch englischen Baustil errichtet. Leider verbrachten wir dort nur wenige Stunden. An der Ostküste entlang fuhren wir anschließend nach Kaikoura, wo wir über Nacht bleiben wollten. Der Ort ist für das *Whale-watching* berühmt. Da das Meer vor Kaikouras Küste eine Tiefe von bis zu 3.000 Meter besitzt, halten sich hier viele dieser beeindruckenden Meeressäuger auf. Ursprünglich hatten wir auch vor, mit einem Boot auf das Meer hinauszufahren, um uns die Wale anzusehen. Aber die See war leider zu rau und der Ausflug wurde abgesagt, was wir sehr schade fanden. Stattdessen freundeten wir uns mit den dort lebenden Seelöwen an. Sie lagen faul auf ihren Felsen und schienen ihr Dasein in vollen Zügen zu genießen.

Kaikoura liegt in einer wunderschönen Bucht und man hätte dort auch mehrere schöne Tage verweilen können, uns zog es jedoch weiter. Langsam näherten wir uns dem Ende unserer Südinsel-Reise. Wir verbrachten noch je eine Nacht in Blenheim und Picton, von wo aus uns die Fähre am nächsten Morgen wieder nach Wellington transportieren sollte. Auch dieses Mal konnten wir eine ruhige Überfahrt genießen.

Ein paar Tage später schlängelten wir uns dann zurück in Richtung Auckland. Dort konnten wir leider bezüglich neuer Jobs nicht mehr viel unternehmen oder nachfragen, da die meisten Firmen aufgrund der Feiertage geschlossen waren. Stattdessen verlebten wir noch einige sehr angenehme Tage in Takapuna auf dem Campingplatz und bekamen nochmals die Gelegenheit, ein paar schöne Stunden mit Oly und ihrer Familie sowie mit Ken zu verbringen.

Schließlich hieß es vom Land der weißen Wolke Abschied nehmen. Was für eine erlebnisreiche und beeindruckende Reise! Wir hatten so viele Eindrücke gesammelt und konnten uns zu diesem Zeitpunkt bereits sehr gut vorstellen, in Neuseeland zu leben. Das Land hatte uns einfach in seinen Bann gezogen.

Die endgültige Entscheidung

Nachdem wir wieder Zuhause angekommen waren, nahm unser Traum immer mehr Form an. Mittlerweile hatten wir alle für eine Einwanderung nach Neuseeland notwendigen Unterlagen angefordert und zugeschickt bekommen. Die Immigration wird durch ein Punktesystem verwaltet. Um auf die erwünschte Punktzahl zu kommen, benötigten wir unbedingt ein Arbeitsangebot von einer neuseeländischen Firma. Diese wiederum musste belegen, dass sich in Neuseeland auf die ausgeschriebene Stelle kein geeigneter Arbeitnehmer gemeldet hatte oder dass die neuseeländischen Interessenten für die Tätigkeit nicht ausreichend qualifiziert waren.

Zu diesem Zeitpunkt standen noch einige Bewerbungen, auf die wir unsere Hoffnung gesetzt hatten, offen. Und siehe da – eines Abends klingelte das Telefon und der Manager einer neuseeländischen Firma wollte mit Hartmut sprechen. Es war alles fürchterlich aufregend. Hartmut wurde fast eine Stunde lang am Telefon befragt. Der Ärmste! Natürlich war es schwer, auf einmal mit Fachenglisch konfrontiert zu werden, aber er meisterte das Gespräch prima und es hatte den Anschein, als hätten sie genau nach jemanden wie Hartmut gesucht. Mr Young, der Manager, war bereit, ihm einen Arbeitsvertrag innerhalb der nächsten Tage durchzufaxen.

Das war eigentlich der Tag unserer Entscheidung. Das Arbeitsangebot wurde am nächsten Tag per Fax und später noch einmal mit der Post geschickt. Wir reichten den Immigrations-Antrag bei der neuseeländischen Botschaft in Bonn ein. Hartmut war der Hauptantragsteller und ich bildete das so genannte „Anhängsel". Zunächst einmal war geplant, dass Hartmut ein Arbeitsvisum bekommen sollte. Zusätzlich ließen wir noch den Antrag auf *Permanent Residence*, die Aufenthaltserlaubnis für uns beide, nebenher laufen.

Die neuseeländische Firma und Hartmut standen jetzt in

„Mit Sack und Pack nach Neuseeland" beschreibt, was Auswanderer mitnehmen (oder besser nicht mitnehmen) sollten. Das Buch ist in einer neuen Reihe erschienen, die von Prof. Böhnisch-Brednich hersugegeben wird . (MANA-Verlag 2007)

ständigem Kontakt miteinander. Sie wollten natürlich wissen, wann er anfangen könne und vieles mehr. Gleichzeitig halfen sie uns bei der Aufsetzung der Schreiben, die wir für die Botschaft benötigten. Es lief alles prima. Der erste Arbeitstag wurde auf den 9. September 1996 festgelegt. Bis dahin musste das Arbeitsvisum genehmigt sein.

In der Zwischenzeit gab es noch viel zu erledigen. Alle Zeugnisse mussten übersetzt und beglaubigt werden. Außerdem fuhren wir beide nach Köln, um einen offiziellen englischen Sprachtest, den IELTS, zu absolvieren. Nebenher organisierten wir alle Schritte für den Umzug nach Neuseeland. Wir hatten uns vorgenommen, einen Fünf-Kubikmeter-Container nachkommen zu lassen, der ein paar unserer nötigsten Sachen enthalten sollte.

Obwohl wir zu diesem Zeitpunkt noch keine definitive Zusage von der Botschaft besaßen, war es doch notwendig, bereits alle Vorbereitungen in Angriff zu nehmen. Nicht nur mussten unsere deutschen Arbeitgeber informiert werden, uns standen auch lange Gespräche mit unseren Familien bevor. Das war alles manchmal nicht ganz einfach, aber irgendwie ging es jeden Tag voran und unser Ziel rückte in greifbare Nähe.

Alles in allem dauerte es ungefähr ein halbes Jahr, bis Hartmut sein Arbeitsvisum erhielt. Die Koffer wurden gepackt und der Tag der Abreise stand vor der Tür. Von diesem Zeitpunkt an würde ich allein in Deutschland sein, während Hartmut in Neuseeland unseren Neuanfang in die Wege leiten musste.

Start in Hamilton

Am 3. September 1996 fuhren unsere besten Freunde Gundula und Dave uns nach Frankfurt zum Flughafen, wo die Boing 747 der *Air New Zealand* auf ihre Fluggäste wartete. Es ist schwer, zu beschreiben, welche Gedanken und Gefühle uns in diesem Moment durch den Kopf gingen. Wir waren aufgeregt, traurig und auch glücklich – alles zugleich. Nun war es endgültig – Hartmut brach nach Neuseeland auf, würde am Donnerstag, den 4. September, dort landen und musste innerhalb von drei Tagen eine Wohnung und ein Auto finden, um bereits am darauf folgenden Montag die neue Stelle antreten zu können.

Wohnung in Hamilton

Ken, unser lieber älterer Bekannter, holte ihn vom Flughafen ab und brachte ihn zu einer Autovermietung. Dort besorgte Hartmut sich einen Leihwagen und begab sich auf den Weg nach Paeroa zu unserer Bekannten Sabine. Am nächsten Tag fuhr sie mit ihm nach Hamilton, um ihm bei der Wohnungssuche behilflich zu sein. Für $ 125 die Woche fanden sie eine Wohnung mit zwei Zimmern, Küche und Bad, welche sich in der Nähe von Hartmuts neuer Arbeitsstelle befand und für den Anfang völlig ausreichte.

Ewen, Sabines Partner, überließ Hartmut einen uralten, aber günstigen Mazda, mit dem er sich zunächst erst mal fortbewegen konnte. Zudem schenkten die beiden, lieb wie sie sind, ihm noch einen Gartentisch mit zwei Stühlen, ein paar Tassen und Teller sowie andere Kleinigkeiten.

Als Hartmut sich dann mit „Paul", seinem „neuen" Auto, am Montag auf den Weg zur Arbeit machte, hielt ihn die Polizei an. Das Auto besaß keine Registrierung mehr, Hartmut wusste natürlich gar nicht, dass man so etwas überhaupt brauchte. Leider musste er $ 200 Strafe zahlen. Das fing ja schon mal gut an!

Nach kurzer Zeit gehörte ein Faxgerät zu Hartmuts Haushalt in der Stanley Street in Hamilton, was eine große Berei-

Trauriger Abschied

cherung darstellte. Wir faxten uns fast täglich Nachrichten zu und telefonierten so oft wie möglich miteinander, so dass meine Telefonrechnung in Deutschland ins Unermessliche wuchs. Aber irgendwie machte uns auch das nichts aus, denn wir kamen unserem Ziel ja immer näher.

Hartmuts neuseeländische Kollegen und auch seine Vorgesetzten waren sehr nett und hilfsbereit. Es bereitete ihm zunächst aber Schwierigkeiten, mit seinem Schulenglisch als Verkaufsingenieur im englischsprachigen Ausland zu arbeiten. Das Ganze war ein Sprung ins kalte Wasser gewesen, welchen er aber trotz allem gut zu bewältigen schien.

In Deutschland musste ich dagegen ganz andere Dinge meistern. Ich stand in regelmäßigem Kontakt mit der Botschaft, musste noch ein paar Kleinigkeiten nachreichen oder Auskünfte erteilen. Doch niemand konnte mir genau sagen, wann ich meine Aufenthaltserlaubnis erhalten würde und so hieß es abwarten. Mittlerweile wussten mein Arbeitgeber und die Kollegen Bescheid. Unsere Familien waren mehr als traurig. Meine Einrichtung bestand nur noch aus einem Faxgerät, einer Kaffeemaschine und all den Kisten, die die Spedition in den folgenden Tagen abholen würde. Meine Kolleginnen waren allesamt sehr lieb und „entführten" mich oft abends aus dieser kleinen leeren Wohnung, was einfach nur gut tat, um auf andere Gedanken zu kommen.

Anfang Oktober war es dann endlich so weit. Ein DINA4-Umschlag, der den Absender der Botschaft trug, lag in meinem Briefkasten. Es war die Bestätigung, dass wir beide unsere Aufenthaltserlaubnis für Neuseeland genehmigt bekommen hatten. Nun ging es Schlag auf Schlag.

Der Container wurde gepackt, der Flug gebucht, wunderschöne Überraschungs- und Abschiedsfeiern gefeiert und schon stand der 16. Oktober 1996 – der Tag meines Abfluges – vor der Tür. Wiederum fuhren mich unsere zwei guten Seelen Gundula und Dave zum Flughafen. Zu meiner Überraschung warteten mein Vater und seine Lebensgefährtin Rahel, eine ganz liebe Bekannte, sowie Hartmuts kleine Schwester

Tini und deren Freund am Flugsteig auf mich. Damit hatte ich überhaupt nicht gerechnet. Der Abschied ging mir ganz schön unter die Haut.

Als ich dann im Flugzeug saß und meine ganze „Bande" vom Balkon der Besucherterrasse winken sah, kullerten mir dicke Tränen über die Wangen. Meine beiden Sitznachbarn, zwei Studenten, hatten so viel Mitleid mit mir, dass sie mir ein Schokoladenplätzchen nach dem anderen anboten und ganz lieb auf mich einredeten. Es gelang ihnen, mich zu trös-

Ken in unserer Wohnung in Hamilton

ten und aufzumuntern, so dass ich, als wir uns in der Luft befanden, meine Gedanken nur noch nach vorn, auf unsere Zukunft in einem neuen Land, richtete. Schließlich wollte ich ja auch von ganzem Herzen nach Neuseeland gehen. Zudem konnte ich es kaum erwarten, Hartmut endlich wieder zu sehen.

Am frühen Morgen landete das Flugzeug bei herrlichstem Sonnenschein auf dem Flughafen in Auckland. Ken kam mir mit einem strahlenden Lächeln entgegen. War das schön, ihn zu sehen! Wir stiegen in sein Auto und fuhren auf dem *Highway No 1* nach Hamilton. Es gab so viel zu erzählen, dass die Stunde Fahrt wie im Fluge verging und keine Langeweile aufkam. In Hamilton angekommen, brachte er mich zu unserem neuen Zuhause in der Stanley Street. Er wusste, wo Hartmut den Schlüssel versteckt hatte, öffnete mir die Tür und kochte uns erst einmal einen Kaffee. Auf dem Tisch standen Blümchen und eine Willkommenskarte. Meine Güte – war ich glücklich und aufgeregt zugleich

Als Hartmut dann von der Arbeit kam, war die Freude riesig. Ken musste sich dann leider schon wieder auf den Weg nach Auckland begeben, aber es sollte ganz bestimmt nicht das letzte Mal sein, dass wir drei uns sehen würden.

Nun hatten wir es geschafft! Wir waren im Land der langen weißen Wolke – *Aotearoa*, wie die Maori es nennen – angekommen, hatten ein Dach über dem Kopf und einer von uns verdiente das nötige Kleingeld, um gut über die Runden kommen zu können. Was wollten wir mehr?

Unsere Waschmaschine

Für uns beide verliefen die Tagesabläufe im Vergleich zu Deutschland jetzt völlig anders. Hartmut fuhr morgens zur Arbeit, wo er sich mächtig anstrengen musste, um die Anforderungen seiner Firma zu erfüllen. Ich dagegen war zum ersten Mal seit 20 Jahren arbeitslos und fühlte mich ein wenig leer und nicht gebraucht. Morgens kümmerte ich mich ein bisschen um die Hausarbeit, bevor ich mich dann meistens auch schon auf den Weg, der ungefähr 20 Minuten zu Fuß dauerte, in die Stadt begab. In Hartmuts Mittagspause trafen wir uns oft im Zentrum von Hamilton, um zu reden und weitere Pläne zu schmieden.

Am dritten Morgen wollte ich endlich die Wäsche waschen. Das stellte normalerweise kein Problem dar, wenn der Wasserhahn in der kleinen Waschküche nicht abgebrochen wäre und eine Überschwemmung verursacht hätte. In unserem Haus kannte ich niemanden und wusste nur, dass im ersten Reihenhaus ein chinesischer Student wohnte, der tagsüber zu Hause zu sein schien. Er war der Einzige, den ich um Hilfe bitten konnte. Er lächelte mich freundlich an, sprach aber leider kein Wort Englisch und ich natürlich kein Chinesisch. Ich versuchte ihm mit Körpersprache mein Dilemma zu erklären und auf dem Weg zu unserer Wohnung verfiel ich sogar in meinen heimatlichen Dialekt, aber meine Bemühungen waren vergeblich. Er verstand kein Wort.

Das Wasser stand mittlerweile schon in der Küche. Als unser Nachbar die Bescherung sah, reagierte er umgehend und drehte den Haupthahn vor unserem Haus zu. Ich hätte nicht einmal gewusst, wo dieser zu finden war, geschweige denn die Telefonnummer oder gar den Namen des Vermieters. Aber zum Glück war ja alles noch einmal gut gegangen. Als Hartmut nach Hause kam, gab es wieder etwas Aufregendes zu erzählen.

Die Tage vergingen wie im Fluge. An den Abenden holten wir uns oft etwas zu essen und fuhren mit unserem alten Paul hinunter zum See. Dort parkten wir unter riesigen Palmen und redeten über dieses und jenes. Danach fuhren wir meistens noch ein bisschen durch die Stadt und machten uns mit den Straßennamen und der gesamten Örtlichkeit vertraut. An den Wochenenden unternahmen wir größere Ausflüge, zum Beispiel an den Strand von Raglan an der Westküste oder zur Ostküste, um Sabine und Ewen in Paeroa zu besuchen. Das war immer eine nette Abwechslung und vor allem bekamen wir den einen oder anderen Tipp von den beiden, die ja mit dem Land, den Leuten und den Gebräuchen vertraut waren. Sie leisteten uns bei unserem Neuanfang unschätzbare Hilfe.

Umzug nach Auckland und Berufstätigkeit

Unsere Wohnung in Mt Eden, Auckland-Zentrum.

Hamilton war ein sehr schönes Städtchen, lag nur leider nicht am Meer. Nach ein paar Wochen bekam Hartmut die Nachricht, dass er nach Auckland in eine Zweigstelle seiner Firma versetzt werden sollte, wo er eine permanente Anstellung in Aussicht hätte. Da er so bald wie möglich in Auckland anfangen sollte, blieben uns letztendlich nur zwei Wochen, um eine neue Unterkunft in Auckland zu suchen und unseren Umzug zu organisieren. An den beiden Wochenenden sahen wir uns verschiedene Wohnungen an, fanden aber für den Preis, den wir uns erlauben konnten, irgendwie nichts, was man ein Zuhause hätte nennen können.

Da uns keine Zeit mehr blieb, entschieden wir uns für eine Wohnung zur Untermiete bei einem asiatischen Pärchen in Mt Eden in der Brentwood Avenue. Insgesamt verfügten wir fortan über etwa 45 Quadratmeter Wohnfläche und durften eine winzige Küche, ein Mini-Bad und zwei ganz kleine Zimmerchen unser Eigen nennen. Während in das Schlafzimmer nur eine Matratze passte, konnten wir im Wohnzimmer gerade so unseren Tisch und die Stühle unterbringen.

Ein junges chinesisches Paar hatte vor uns darin gewohnt. Wir lernten sie noch kennen, als wir uns zum zweiten Mal die Wohnung anschauten. Sie mussten wieder zurück nach China gehen und wollten unbedingt ein paar Möbelstücke verkaufen. Da wir noch kein Bett besaßen, nahmen wir ihr Angebot gern an und für $ 80 gehörte ihre Matratze uns, worüber wir sehr glücklich waren. Sie befand sich noch in einem guten Zustand und was wollten wir mehr?

Für unsere wenigen Habseligkeiten war es nicht notwendig, einen großen Umzugswagen zu mieten, allerdings gab Paul, unser Mazda, nun langsam den Geist auf und wir waren gezwungen, wieder auf Autosuche zu gehen. Hartmut musste jeden Tag von Mt Eden nach Penrose fahren und dafür brauchte er einen zuverlässigen fahrbaren Untersatz. Schließlich kauften wir uns einen Mazda-Kombi, der uns noch ein paar Jahre begleiten sollte.

In der Zwischenzeit hatte ich mir überlegt, noch einmal in einem von Deutschen geführten *Bed & Breakfast* vorbeizuschauen, um wegen eines Jobs nachzufragen. Wir hatten es schon während unseres Urlaubs besucht, besaßen aber zu dem Zeitpunkt ja noch keine Aufenthaltserlaubnis. Nun wollte ich mich noch mal erkundigen, ob sie vielleicht jemanden gebrauchen könnten – um Reservierungen und Buchungen anzunehmen, Frühstück zuzubereiten und vieles mehr.

Bäckerei in der Dominion Road

Die Besitzer waren leider nicht anwesend, aber eine nette Österreicherin namens Christiane wollte meine Anfrage weiterleiten. Schon am nächsten Tag klingelte das Telefon und ich wurde zum „Probebedienen" eingeladen. Das *Bed & Breakfast* lag gleich um die Ecke von unserer neuen Unterkunft. Ich konnte also zu Fuß hingehen, was sehr praktisch war.

Das Bedienen erledigte ich mit Leichtigkeit und da etwa 80 % der Gäste aus Deutschland kamen, stellte auch die Sprache kein Hindernis dar. Ich bekam den Job und verdiente $ 7,50 die Stunde. Christiane und ich wechselten uns von nun an ab, was sehr gut funktionierte. Wir arbeiteten Hand in Hand und verstanden uns prima, was mir sehr wichtig war. Ich bekam auch ein „Dienstfahrrad" – natürlich in den bayerischen Farben blau und weiß – und holte damit jeden Morgen die Weißbrote aus einer Bäckerei in der Dominion Road für das Frühstück ab. Mit meinem blau-weiß lackierten Fahrrad und den Broten sah ich bestimmt lustig aus.

Inzwischen war Weihnachten und wir besaßen beide Jobs, die uns finanziell erst mal absicherten. Außerdem lebten wir in einer wunderschönen Stadt, die wir auskundschaften konnten – was wir auch in vollen Zügen taten, wenn wir nicht gerade arbeiten mussten. Unser erster Besuch aus Deutschland meldete sich an und gleich darauf der zweite. Gundula

Silvestervorbereitungen

und Dave wollten uns für zwei Wochen besuchen und mit uns den Jahreswechsel feiern. Außerdem hatte sich eine liebe Bekannte aus München mit einer Freundin für Anfang Januar 1997 angekündigt.

Unsere Vermieter – ein Japaner und eine Chinesin – waren jedoch überhaupt nicht glücklich, dass wir ständig Besuch haben würden. Nach ihren Sitten und Gebräuchen ist es nicht erlaubt, Gäste über Nacht bleiben zu lassen. Wir versuchten ihnen zu erklären, dass es sich nur um ein paar Tage handelte, bevor unser Besuch eine Rundreise starten würde, aber wir konnten ihre Bedenken leider nicht zerstreuen.

Silvester stand vor der Tür und wir vier planten, wie all die Jahre zuvor, was wir wohl anstellen könnten, um diesen Tag besonders in Erinnerung behalten zu können. Wir kauften ein paar Getränke ein, packten Schlafsäcke und Zelt zusammen und fuhren los in Richtung Westküste, durch die *Waitakere Ranges* nach Piha an den Strand, an dem der Film „Das Piano" gedreht worden war. Es war verhältnismäßig ruhig dort und erstaunlicherweise waren wir die einzigen Menschen am langen, schwarzen Dünenstrand.

Wir parkten unser Auto auf dem dortigen Parkplatz und wateten mit all unserem Gepäck durch einen Fluss. Dann ging es über die Dünen ans Meer. Dort angekommen, genossen wir erst einmal die wunderschöne Umgebung und freuten uns unheimlich, gemeinsam den Jahreswechsel an diesem besonderen Ort verbringen zu können. Dave wurde aktiv und sammelte Treibholz, während Gundula, Hartmut und ich über alles redeten, was in den letzten Monaten so geschehen war. Immerhin hatten wir uns fast ein viertel Jahr nicht mehr gesehen und in der Zwischenzeit war eine Unmenge passiert.

So langsam wurde es dunkel und wir brachten unser Feuerchen in Gang. Wir waren uns fast sicher, dass es nicht erlaubt war, ein Feuer am Strand anzuzünden, aber solange es uns niemand persönlich verbieten würde, wollten wir es wagen. Wie setzten uns auf lange, alte, verrottete Balken, die irgendwann einmal an den Strand gespült worden waren, tranken ein Bier oder einen Wein, genossen das Flackern des Feuers und bewunderten den atemberaubenden Sternenhimmel. Das Geräusch des Meeres schien immer näher zu kommen und wir fragten uns, wie weit es wohl noch von uns und unserem Lagerfeuer entfernt sei. Aber es hörte sich wohl doch näher an, als es eigentlich war. Wir bekamen jedenfalls definitiv keine nassen Füße.

Atemberaubende Stimmung

Nachdem wir um Mitternacht angestoßen und uns ein glückliches Neues Jahr gewünscht hatten, wurde es auf einen Schlag ziemlich laut und wir sahen eine Gruppe junger Leute singend und tanzend mit Feuerringen über die Dünen laufen. Sie gesellten sich zu unserer kleinen Feier und meinten, dass wir uns wunderbar ergänzen würden – wir hätten für das Lagerfeuer gesorgt und sie wollten sich nun um die Musik kümmern. Eine tolle Idee! Sie tanzten durch die Feuerringe, spielten auf ihren *Didgeridoo*s und es entstand eine einzigartige Atmosphäre, die einfach nur unbeschreiblich schön war. Wir erzählten, tanzten und lachten die ganze Nacht bis in die frühen Morgenstunden. Dies wird uns wirklich ein unvergessliches Erlebnis bleiben.

Gegen vier Uhr morgens liefen wir dann wieder über die Dünen und wateten durch den Fluss zurück zu unserem Auto. Dave stellte noch rasch das Zelt auf und verkrümelte sich ohne Worte. Wir drei machten es uns im Auto so bequem wie möglich.

Ein paar Stunden später wurden wir durch die heißen Sonnenstrahlen und die Stimme eines Rangers geweckt. Er sprach mit Dave und erklärte ihm, dass Zelten an dieser Stelle nicht erlaubt sei. Die beiden konnten sich jedoch einigen, wünschten sich ein frohes Neues Jahr und damit war der Fall erledigt.

Ich muss gestehen, dass unsere Schädel schon ein bisschen brummten und wir uns nicht wirklich gut fühlten, aber allein die Erinnerung an unser Stranderlebnis zauberte ein Lächeln auf unsere Gesichter. Wir waren einfach nur *happy*, einen so schönen Abend erlebt zu haben. Es war wirklich schön gewesen. Glücklich und zufrieden mit dem ersten Tag des neuen Jahres fuhren wir zurück nach Mt Eden, um uns ein bisschen auszuruhen und wieder zu regenerieren.

Am nächsten Tag begaben sich Gundula und Dave auf ihre Reise, um in der kurzen Zeit, die ihnen noch verblieb, so viel wie möglich vom Land der langen weißen Wolke kennen zu lernen. Mit einem neuen kleinen Mietwagen begannen sie freudestrahlend ihre Entdeckungstour.

Hauskauf

Bei uns ging es in der Zwischenzeit mit den alltäglichen Dingen weiter. Wir mussten Geld verdienen, um gut über die Runden zu kommen. Fest stand für uns auf alle Fälle schon, dass wir nicht mehr allzu lange in der Brentwood Avenue leben wollten.

Da wir nun beide eine Arbeit besaßen, spielten wir mit dem Gedanken, einen Kredit aufzunehmen, um uns ein eigenes kleines Häuschen zu kaufen. Wir kontaktierten unsere Bank und besprachen alle Einzelheiten mit ihr. Der Kredit wurde uns bewilligt und somit begaben wir uns auf die Suche nach einem passenden Haus.

Als erstes fuhren wir nach Panmure, einem östlich gelegenen Stadtteil von Auckland, und schlenderten durch das Zentrum. Im Schaufenster der „Professionals", eine der größeren Immobilienagenturen, wurden einige viel versprechend klingende Häuser zum Verkauf angeboten. Eine freundlich lächelnde Frau stand vor der Tür des Büros, um in ihrer Pause eine Zigarette zu rauchen. Sie sprach uns auf eine so nette, offene und freundliche Art an, dass es uns überhaupt nicht schwer fiel, ihr mitzuteilen, warum wir unsere Nasen an dem Schaufenster platt drückten.

Es dauerte keine zehn Minuten und wir saßen in ihrem Auto, um von einem Haus zum nächsten zu fahren und eine Vorstellung davon zu bekommen, welche Häuser wir uns mit unserem Budget leisten konnten. Die Maklerin war nicht aufdringlich und gab ihr Bestes, uns die Immobilien auch von innen zu zeigen, obwohl zu der Zeit eigentlich kein *open home* – ein offizieller Termin zur Besichtigung eines Hauses – stattfand.

Zwei Immobilien gefielen uns besonders gut und wir sagten Eunice, der Maklerin, dass wir auf sie zurückkommen würden. In den nächsten Tagen führten wir lange Gespräche und drehten selber noch einmal unsere Runde in Panmure, um unsere Favoriten ein zweites Mal in Augenschein zu nehmen. Dann kontaktierten wir wieder Eunice und fragten sie, ob es möglich wäre, das Haus in der Ropata Avenue in Pt England noch einmal zu besichtigen.

Natürlich war es möglich. Es stellte überhaupt kein Problem dar. Sie sprach mit Mr und Mrs Cook, den aktuellen Eignern des Gebäudes, und vereinbarte einen neuen Besichtigungstermin mit ihnen. Die Besitzer, ein älteres Ehepaar, hatten das Haus vor 40 Jahren gebaut, doch jetzt wollten sie mit ihren Kindern aufs Land ziehen, worauf sie sich schon sehr freuten. Uns hingegen hatte es dieses kleine knuffige Haus mit seinen zwei Schlafzimmern angetan.

Am 8. Januar kehrten Gundula und Dave von ihrer Reise zurück und hatten natürlich viel zu erzählen. Sie schienen von Land und Leuten fasziniert zu sein – was uns gar nicht verwunderte. Natürlich zeigten wir ihnen unser Objekt der Begierde. Inzwischen hatten wir das Haus schon richtig lieb gewonnen und konnten es uns gut als unser neues Zuhause vorstellen. Dann wurde leider auch schon die Zeit knapp.

Unglücklicherweise fingen unsere Vermieter an, uns Probleme wegen Dave und Gundula zu bereiten. Da wir uns nicht unseren letzten gemeinsamen Abend verderben lassen wollten, beschlossen wir, ein Motelzimmer ganz in der Nähe zu mieten, um noch einmal gemütlich beisammensitzen zu können. Die Umstände waren bedauerlich, aber diesen Abend wollten wir uns nicht nehmen lassen.

Die verbleibenden Stunden genossen wir in vollen Zügen. Am nächsten Tag mussten wir uns schweren Herzens leider wieder voneinander verabschieden. Obwohl unsere Freunde uns nur kurz besucht hatten, war die gemeinsame Zeit sehr schön gewesen. Die beiden konnten sich jetzt auch ein bisschen besser vorstellen, wie unser Neuanfang in Neuseeland verlaufen war und wie es möglicherweise weitergehen würde. Wir freuten uns sehr, dass sie bei uns gewesen waren.

Nur zu gerne hätten wir sie noch länger um uns gehabt,

aber in Deutschland warteten Verpflichtungen auf sie und wir mussten „weiterschuften", um vorwärts zu kommen. In der Zwischenzeit war auch unser Fünf-Kubikmeter-Container aus Deutschland in Auckland angekommen. Wir fuhren mit unserem Mazda-Kombi genau siebenmal hinunter zum Manukau-Hafen, um all unsere Kisten und Möbelstücke abzuholen und sie anschließend in unseren winzigen Räumen zu stapeln.

Als ich in die Kartons lugte, kam es mir wie Weihnachten vor. Ich fand Dinge von zu Hause wieder, die ich schon ganz vergessen hatte. Ich konnte es kaum erwarten, sie endlich auszupacken. Aber solange wir noch in unserer Wohnung lebten, blieben sie erst mal verstaut.

An den Abenden verschlug es uns mehrere Male nach Pt England, um uns das Haus nochmals von außen anzusehen. Wir wollten herausfinden, welches Gefühl es in uns weckte. Ein besonders hübsches Haus stand schräg gegenüber von unserem Favoriten in der Ropata Avenue. Uns kam spontan der Gedanke, an dessen Tür zu klopfen und uns einfach einmal zu erkundigen, wie es denn sei, in dieser Gegend zu wohnen.

Gesagt, getan. Wir klopften und als erstes kam uns ein riesiger Rottweiler mit großen Kulleraugen entgegen. Er hieß Dudly – wie wir kurz darauf erfuhren. Eine junge Frau stellte sich als Lisa vor und ihr Mann als Michael. Sie lächelten freundlich und baten uns hinein. Bei einem Tässchen Tee kamen wir schell ins Gespräch. Wir stellten ihnen tausend Fragen und wollten alles mögliche von ihnen wissen. Unser Englisch ließ manchmal gar zu wünschen übrig und die beiden amüsierten sich köstlich über unsere Ausdrucksweise. Sie waren sehr nett und wünschten uns für den Hauskauf viel Glück. Als wir wieder aufbrachen, riefen sie uns nach, dass sie es schön fänden, wenn wir ihre neuen Nachbarn werden würden.

Wir waren so froh, bei ihnen angeklopft zu haben. Letztendlich wussten wir nun doch ein bisschen mehr über die Gegend, die Straße und die anderen Anwohner Bescheid.

Auch freuten wir uns darauf, unsere neuen Nachbarn näher kennen zu lernen. Jetzt stand unser Entschluss fest und noch am nächsten Tag gaben wir ein Angebot für das Haus ab, bevor uns womöglich noch jemand anderes zuvorkäme. Wir riefen Eunice an, sie kam mit dem Vertrag vorbei, wir setzten einen Preis fest und sie verschwand wieder, um den Cooks unser Angebot vorzulegen. Das ganze Spielchen wiederholte sich noch dreimal, bevor wir uns schließlich alle auf einen Betrag einigten. Damit wurden Hartmut und ich die sehr stolzen Besitzer unseres ersten eigenen Zuhauses in Neuseeland.

In der Zwischenzeit waren wir auch in Verbindung mit unserem Notar aus Hamilton, der für den offiziellen Abschluss benötigt wurde, getreten. Woher wir ihn kannten? Hartmut hatte bei dessen Frau mehrere Male ein paar Stunden Englischunterricht genommen. Dabei kamen sie auch ins Gespräch und so erfuhr das Ehepaar von unserer Situation. Sie boten uns an, uns zu unterstützen, wo sie nur konnten. Sie waren uns wirklich eine große Hilfe.

Den Umzug legten wir auf den 21. Februar 1997. Wir freuten uns auch schon darauf, unseren asiatischen Vermietern die gute Nachricht zu übermitteln. Am Sonntag, den 19. Januar, teilten wir ihnen unsere Entscheidung mit. Sie waren überrascht und auch enttäuscht, dass wir ausziehen wollten, da wir unsere Miete immer regelmäßig bezahlt hatten. *Never mind* – wir waren jedenfalls sehr froh. Wir verabschiedeten uns freundlich voneinander und wünschten uns gegenseitig alles Gute.

Eigentlich besaßen wir ja auch immer noch unsere Rückflugtickets nach Deutschland. Wenn wir noch länger gewartet hätten, würden wir keinen Cent mehr dafür bekommen – also entschlossen wir uns, mit *Air New Zealand* in Verbindung zu treten, um eventuell einen *Refund* für unsere Tickets zu erhalten. Nach mehreren Anrufen und ein paar Besuchen im Reisebüro sowie im *Refund Office* wurde uns ein Scheck von knapp $ 1.000 übergeben, den wir natürlich zu dem Zeitpunkt mehr als gut gebrauchen konnten.

Somit rückte ein Deutschlandbesuch für uns erst einmal in weite Ferne. Das war schon ein komisches Gefühl, zumal es von nun an bestimmt nicht leicht sein würde, das Geld für einen Flug zusammenzubekommen – wenn wir es überhaupt schafften. Jetzt mussten wir erst einmal hart arbeiten, um unser Haus abbezahlen zu können. Die Abtragszahlung war für 23 Jahre festgeschrieben – eine lange Zeit.

Bananenblüte

Da wir nun bald aus Mt Eden wegzogen, brauchte ich auch ein Auto, um zur Arbeit fahren zu können. Also machten wir uns auf die Suche nach einem fahrbaren Untersatz. Wir besuchten Auktionen und sprachen mit vielen Autohändlern – aber letzten Endes kauften wir für $ 850 eine alte Vauxhall Chevette von ein paar Touristen, die ihre Rundreise beendet hatten und das Auto wieder loswerden wollten, ab. Nun war ich stolze Besitzerin eines gelben Oldtimers. Es klapperte an allen Ecken, aber solange er noch durch den TÜV kam und ich bei Regen nicht nass wurde, reichte er völlig aus.

Vor dem großen Umzug gab es noch verschiedene andere Dinge zu erledigen. Zum Beispiel verschickten wir unsere neue Adresse an Freunde und Bekannte, damit diese wussten, wo sie uns von nun an erreichen konnten.

Am 21. Februar bekamen wir unsere Kaution von $ 420 zurück. So einen *Bond* muss man hinterlegen, wenn man eine Wohnung anmietet. Im Falle von etwaigen Beschädigungen wird er einbehalten. Wir mieteten einen Anhänger und ab ging die Post – in Richtung Ropata Avenue in Pt England. Es dauerte gar nicht so lange, bis wir all unser Hab und Gut dort hingebracht hatten. Schließlich handelte es sich ja nur um ein paar Kisten, eine Matratze, verschiedene Regale, zwei Schreibtische und ein Küchentisch mit zwei Stühlen.

Als wir am Abend alles einigermaßen hergerichtet hatten, beschlossen wir, den Abend mit einer Dose Bier in unserem neuen Garten ausklingen zu lassen. Es herrschten sommerliche Temperaturen und als wir so mit dem Rücken an die warme Hauswand gelehnt auf der Bank saßen, waren wir ein-

Unser erstes Zuhause

fach nur rundherum glücklich und zufrieden. Es fühlte sich überwältigend an, an einem lauen Sommerabend hinter unserem eigenen Haus sitzen und den Augenblick genießen zu können. Von nun an konnten wir so viele Nägel in die Wände schlagen, wie wir nur wollten. War das nicht herrlich?

Am nächsten Tag sollte bereits der nächste Besuch aus Deutschland eintreffen. Um 10:30 Uhr wollten wir ihn vom Flughafen abholen, überraschenderweise stand er allerdings schon früher vor unserer Tür. Nun gab es natürlich erst einmal wieder unglaublich viel zu erzählen. Ich muss gestehen, dass wir ursprünglich ja geplant hatten, unseren Besuch sofort einen Eimer Farbe und einen Pinsel in die Hand zu drücken, aber das fanden wir dann doch nicht so ganz passend und verwarfen diese Idee wieder. Wir ließen die Arbeit Arbeit sein und kümmerten uns um unseren Gast, da dieser bereits in wenigen Tagen auf Tour gehen wollte. Auf jeden Fall waren wir sehr froh, dass wir nun so viele Freunde und Bekannte bei uns übernachten lassen konnten, wie wir wollten.

Nachdem wir wieder auf uns allein gestellt waren, fingen wir an, das Wohnzimmer zu renovieren. Danach arbeiteten wir uns Zimmer für Zimmer vor. Wir ließen den Schornsteinfeger kommen, der den alten Kamin – glücklicherweise ein geschlossener, kein offener – wieder auf Vordermann brachte. Schließlich gab es für den Winter keine Heizung. Aber mit der eingebauten Feuerstelle sollte es kein Problem sein, warme Füße zu bekommen und sie auch zu behalten.

Am 10. März war ich zu einer Hochzeit eingeladen. Meine österreichische Kollegin heiratete ihren Michel aus Frankreich und ich hatte die Ehre, eine der Trauzeugen zu sein. Wir waren nur zu viert, als wir in die Stadt zum Standesamt fuhren – die beiden Brautleute, Wolfgang, ein Cousin unserer Chefin, und ich. Irgendwie kam keine romantische Stimmung auf. Die Pärchen standen Schlange und wurden nacheinander hineingerufen, um mal eben schnell getraut zu werden. Das würde mir persönlich nicht gefallen, aber es ging ja auch nicht um mich und so sah ich mir die Sache einfach gelassen an.

Auch bei meinen beiden Bekannten ging die Trauung schnell über die Bühne, aber ihnen schien das nichts auszumachen, da sie trotz alledem sehr glücklich aussahen. Wir hatten mehrere Stunden frei bekommen und schossen so noch ein paar schöne Fotos und tranken eine Kleinigkeit in der Stadt, bevor wir wieder zur Arbeit fuhren. Da es Christianes großer Tag war, musste ich zum Ausgleich natürlich sehr viel mehr arbeiten als sonst. Aber das war schon in Ordnung.

Ken, unser lieber Bekannter aus Takapuna, schaute ab und zu bei uns vorbei. Manchmal kochten wir etwas Leckeres zusammen oder genossen einfach ein paar nette Stunden zusammen. Es war schön, ihn kennen gelernt zu haben. In der Zwischenzeit besuchten wir auch regelmäßig unsere beiden Lieblingsnachbarn oder sie kamen zu uns. Auf diese Art entstand ganz langsam eine Freundschaft, die uns gut tat. Schließlich vermissten wir doch öfter einmal unsere Freunde aus Deutschland.

Unser Wohnzimmer in der Ropata Avenue

Abgesehen davon fühlten wir uns in unserem kleinen Knuffelhaus rundherum wohl. Das Dach wurde frisch gestrichen und Hartmut meinte, man könne das Wasser des *Tamaki Rivers* von da oben aus sehen. Ich kann das leider nicht bestätigen, da ich unter Höhenangst leide und mit beiden Füßen lieber auf dem Erdboden blieb. Die Fensterrahmen wurden ausgebessert und mit neuer Farbe versehen. Außerdem pflanzten wir Bananenstauden an – das hatte ich mir schon ganz lange gewünscht.

Der Rasen wuchs und gedieh, leider besaßen wir noch keinen Mäher. In der Zeitung „*Trade & Exchange*", die in Neuseeland sehr populär ist, werden alle möglichen gebrauchten Dinge günstig angeboten. Uns fiel ein Rasenmäher für nur $ 100 auf, den wir uns gern angesehen hätten. Hartmut rief an und fuhr zu der ihm genannten Adresse. Er fand einen Hinterhof, der mit unzähligen, zu verkaufenden Gegenständen gefüllt war, vor. Man hätte den Eindruck gewinnen können, dass all die Dinge, die sich auf dem Hof befanden, „*fallen off the truck*" gewesen sein könnten. So zumindest nennen es die

Kiwis. Es bedeutet, dass sie von irgendwoher gestohlen waren und der Verkäufer sie natürlich so schnell wie möglich wieder loswerden wollte. Aber das war uns in dem Moment egal. Der Mäher war in sehr gutem Zustand und wir schlugen zu. Von nun an konnte unser kleines Vorgärtchen ordentlich und frisch gemäht aussehen.

Die ersten Jobwechsel

Natürlich ging es nicht immer so glatt und unproblematisch weiter. Hartmut sollte in seiner Firma nun als Verkaufsingenieur mit einem großen Kundenkreis arbeiten. Seine Englischkenntnisse bereiteten ihm jedoch mehr Schwierigkeiten, als er vorher gedacht hatte. Es lag nicht an seinem Fachwissen, sondern an der vielfältigen Wortwahl, die ein Verkäufer benutzen musste, um die Artikel zu verkaufen.

Sein Arbeitgeber teilte ihm mit, dass es weder für sie noch für ihn von Vorteil wäre, wenn es nicht so liefe, wie es eigentlich sollte. Er schlug vor, dass Hartmut sein Englisch verbessern solle und er sich auf alle Fälle in spätestens einem Jahr wieder bei ihm melden könne. Das war eine faire Entscheidung der Firma und in keiner Weise gegen Hartmut persönlich gerichtet. Ab Mitte April besaß also nur noch einer von uns beiden einen Job.

Für Hartmut stellte die Kündigung natürlich einen Tiefpunkt dar. Aber wer fühlt sich in so einem Moment schon gut? Doch es musste weitergehen und wir würden es auch so schaffen. Ungefähr eine Woche später nahm ich noch einen zusätzlichen Job als Aushilfe in einem Büro eines Maklers in Panmure an. Außerdem versuchte ich, ein paar Stunden mehr im *Guesthouse* zu arbeiten. Hartmut nahm in der Zwischenzeit ebenfalls Gelegenheitsjobs an, auch um seine Englischkenntnisse zu verbessern.

Was uns manchmal ein wenig Sorgen bereitete, waren die zusätzlich anfallenden Rechnungen, auf die wir gern verzichtet hätten. Wir benötigten zum Beispiel einen neuen Auspuff und neue Reifen, mussten zur Registrierung und zum TÜV und vieles mehr. Leider verlor ich bereits nach wenigen Tagen wieder den Zusatzjob, da die eigentliche Angestellte zurück gekehrt war. Daraufhin ließ ich mich bei allen möglichen Arbeitsagen-

Unser Vierbeiner „Mouse"

turen für *Temping Jobs*, also für Aushilfstätigkeiten, an meinen freien Tagen registrieren. Für einen Tag wurde ich noch in der *Westpac Bank* in der Innenstadt eingesetzt. Ansonsten gab es für mich jedoch kaum Angebote, da ich ja nur für bestimmte Tage zur Verfügung stand. Trotz alledem schienen wir die Situation zu meistern, konnten unsere Raten zahlen und nagten noch nicht am Hungertuch. Sparen mussten wir natürlich in vollen Zügen.

Mittlerweile war es Winter geworden. Wir sammelten am Strand Treibholz und holten uns ab und zu ein paar Holzklötze aus dem *Warehouse*, um es zu Hause angenehm warm zu haben. Am 1. Juni, einem trüben Sonntag, entschlossen wir uns, uns einen tierischen Mitbewohner zuzulegen. Unsere Freundin Sabine aus Paeroa war gerade zu Besuch und so fuhren wir alle drei gemeinsam zum Tierheim (SPCA) nach Mangere, einem südlichen Stadtteil Aucklands.

Die Käfige beherbergten nicht mehr viele Tiere und so dauerte es gar nicht lange, bis wir unseren neuen „flatmate" gefunden hatten: eine grau-weiße Katze mit einem verräucherten Grauschimmer auf dem Rücken, die laut Tierheim etwa vier bis fünf Jahre alt war. Wir mussten nur einen Adoptionsantrag ausfüllen, $ 45 bezahlen und – schwups – gehörte sie zur Familie. Zu Hause angekommen, ging sie zum Futternapf und legte sich zum Schlafen auf die Couch. Das war's! Sie hatte ihr neues Heim und uns auf Anhieb akzeptiert.

Ursprünglich wollten wir sie „Socke" nennen, aber da wir sie nur ständig Mausi riefen, hörte sie nicht auf „Socke" und wir tauften sie *„Mouse"*. Von nun an war das ihr offizieller Name. Leider wurde sie nur acht Tage später ziemlich krank und wir brachten sie zur Klinik des Tierheimes, wo wir sie geholt hatten. Die ärztliche Versorgung war für eine gewisse Zeit noch immer kostenlos. Mouse war zwar gegen Katzenschnupfen geimpft worden, hatte sich ihn aber kurz vor der Impfung im Tierheim eingefangen. Eine deutsche Tierärztin aus Berlin behandelte sie und kam mit Hartmut ins Gespräch. Sie tauschten Telefonnummern aus und wir sollten ganz sicher später noch einmal netten Besuch von ihr bekommen.

Nachdem wir unserem neu erstandenen Vierbeiner regelmäßig die Medizin verabreichten und sie nach Strich und Faden verwöhnten, wurde sie schnell wieder gesund und bereitete uns viel Freude. Unsere beiden Lieblingsnachbarn Lisa und Mike hatten in der Zwischenzeit jedoch ihren Dudly aufgrund ihrer Arbeit abgegeben, da sie es unfair fanden, nicht genügend Zeit für ihn zu haben. Sie brachten ihn auf eine Farm weit außerhalb der Stadt, wo er mit Kindern umhertollen konnte und tagsüber auch immer jemand da war.

Mike und Lisa gingen nur wenig aus und verbrachten ihre Zeit nach der Arbeit am liebsten zu Hause und im Garten. Dennoch war Mike ein sehr kontaktfreudiger Mensch und wir beschlossen, alle vier zu einer Karaokebar in Mt Wellington zu fahren. Karaoke stellt immer wieder eine willkommene Abwechslung in den hiesigen Kneipen und Bars dar. Meine Güte – hatten wir Spaß! Michael fasste sich ein Herz und sang ein Lied von Joe Cocker. Man konnte ihn kaum vom Original unterscheiden und „seine" Fans waren von ihm begeistert. Es war ein rundherum schöner und lustiger Abend.

Wie schon erwähnt, war es in der Zwischenzeit Winter geworden und an meinem Arbeitsplatz wurde es ziemlich ruhig, da nur noch wenige Touristen und Besucher kamen. Die Generalreinigung der Zimmer stand an und generell gab es mehr Putzarbeiten als Serviceleistungen und Buchungen zu erledigen. Da es sich um ein deutsches *Bed & Breakfast* handelte, konnte ich mein Englisch nur sehr wenig verbessern. Deshalb entschloss ich mich, Bewerbungen abzuschicken, um wieder eine Bürotätigkeit zu finden.

Am 18. Juni 1997 hatte ich ein Vorstellungsgespräch in einem Steuerberatungsbüro in Newton – mitten in der Innenstadt. Das Gespräch war sehr interessant und verlief in meinen Augen positiv. Schon zwei Tage später klingelte das Telefon und ich wurde zu einem zweiten Vorstellungsgespräch eingeladen. Diesmal war auch der Chef mit dabei und die Fragen wurden etwas gezielter. Er schien eine nette Person zu sein, so dass es mir überhaupt nicht schwer fiel, mich einfach nur natürlich zu geben und ehrlich zu antworten.

Am darauf folgenden Montag bekam ich meine Zusage, worüber ich mich sehr freute. Zum einen besaß ich nun einen geregelten Arbeitsplan, zum anderen konnte außerdem mein Englisch verbessern. Ich kündigte sofort im *Guesthouse*, was mir nicht schwer fiel. In Neuseeland nennt man das übrigens „*to give notice*" und es verläuft sehr viel unkomplizierter als in Deutschland: wenn man wöchentlich bezahlt wird, gibt man sieben Tage vorher Bescheid, dass man aufhört – und bei vierzehntägiger Bezahlung zwei Wochen vorher.

Der 26. Juni, mein erster Arbeitstag, war herangerückt und schick gekleidet düste ich in meinem uralten, gelben Vauxhall Chevette auf der Autobahn in Richtung Innenstadt. Mein Chef begrüßte mich sehr herzlich. Etwas ungewohnt für mich war, dass alle, auch der Chef, mit dem Vornamen angesprochen wurden, aber daran gewöhnte ich mich schnell. Meine Arbeitszeit sollte von 8:30 Uhr bis 17:00 Uhr sein.

Michelle, die schon seit Jahren für das Steuerbüro arbeitete, sollte mich anlernen. Dies geschah dann auch Schritt für Schritt, allerdings nicht immer mit der besten Laune. Ich machte mir darüber aber zunächst keinerlei Gedanken. Die Arbeit machte mir Spaß. Ich war mehr oder weniger vertretungsweise für das Telefon und die Buchhaltung verantwortlich. Nach ein paar Tagen bekamen wir noch eine neue Kollegin. Sie hieß Margret, war Insulanerin und unheimlich herzlich. Ihr Glaskasten befand sich direkt neben meinem.

Jeden Nachmittag gegen 16:00 Uhr musste ich zu den verschiedensten Banken gehen und Schecks oder Bargeld einzahlen. Diese Aufgabe übernahm ich gern, da ich somit auch einmal an die frische Luft kam und nicht ständig nur hinter meinem Schreibtisch sitzen musste. Ich ging die Karangahape Road, die von allen kurz K-Road genannt wird, hoch, sah die Damen aus dem Rotlicht-Milieu auf ihren mit Heftpflaster geklebten Absätzen umherlaufen und hing meinen Gedanken nach.

Nachdem ein paar Wochen vergangen waren, hätte ich mit neuen Aufgaben betreut werden sollen. Aber meine Vorgesetzte Michelle blockte dies ab. Es schien, als hätte sie Angst, Verantwortung und Wissen weiterzugeben – als ob ihr dadurch eine gewisse Stärke genommen werden könnte. Sie wurde von Tag zu Tag launischer und behandelte alle, aber besonders Margret, noch wesentlich ungerechter.

Schließlich kam der Tag, an dem Margret in Tränen aufgelöst in ihrem Büro saß. Sie kam zu mir herüber und meinte nur, dass sie nach der Mittagspause nicht mehr zurückkommen würde. Sie wollte kündigen. Es tat mir so leid, aber ich konnte ihre Entscheidung gut verstehen, denn auch ich fuhr mittlerweile abends mit einem flauen Gefühl im Magen nach Hause und ärgerte mich über die verletzenden Worte, die tagsüber immer häufiger geäußert wurden.

Als Margret am Nachmittag immer noch nicht zurück gekommen war, fragte mich Michelle, ob ich etwas über ihren Verbleib wüsste. Ich sagte ihr, dass Margret nicht mehr wieder kommen würde. Sie bräuchte nicht auf sie zu warten und solle sich selbst fragen, warum. Später sprach ich auch noch einmal mit meinem Chef und erläuterte ihm die Hintergründe. Er sagte jedoch kein Wort und ließ alles so weiterlaufen wie bisher.

Als Michelle mich wieder einmal völlig übertrieben kritisierte und beschimpfte, hielt ich es für den rechten Zeitpunkt, eine offene und ernste Unterhaltung mit ihr zu führen. Es war nicht mein bester Tag, aber immerhin hatte ich ihr meine Meinung unterbreitet.

In der Zwischenzeit hatte Hartmut an der *Auckland Academy*, wo auch unsere Nachbarin Lisa arbeitete, vertretungsweise eine Klasse übernommen und unterrichtete Informatikkurse. Das Ganze funktionierte prima und mit der Sprache schien er fast keine Probleme mehr zu haben. Zudem machte ihm das Unterrichten sehr viel Spaß. Er ist mit Computern aufgewachsen und liebt nichts mehr, als mit ihnen zu arbeiten. Er fuhr gemeinsam mit Lisa zur Arbeit und die beiden unterstützten sich gegenseitig.

Die Academy wird als Lernzentrum für Erwachsene vom Staat finanziell unterstützt. Die Schüler werden vom Arbeitsamt dorthin geschickt, um neue Fähigkeiten zu erlernen und ihre Chancen auf dem Arbeitsmarkt zu verbessern. Leider war die Stelle zeitlich begrenzt. Allerdings wusste Hartmut nun, womit er wirklich gern sein Geld verdienen wollte. Also bewarb er sich bei einem anderen Institut, das, wie wir später herausfanden, von zwei Deutschen geleitet wurde. Er wurde zu einem Vorstellungsgespräch eingeladen und erhielt die Stelle für eine Abendklasse in deren Onehunga-Zweigstelle in Süd-Auckland. Seinem Selbstbewusstsein tat das sehr gut. Jeder kann sich bestimmt vorstellen, wie wichtig es ist, gebraucht zu werden und etwas zu tun, was man wirklich liebt.

Durch einen Zufall erfuhren wir von unseren Nachbarn, dass an der Academy eine Vollzeitkraft als *Business Administration & Computing Tutor* gesucht wurde. Lisa empfahl mir, mich zu bewerben, da ich Erfahrungen im Bürobereich besaß. Gesagt, getan. Ich brachte meinen Lebenslauf auf Vordermann, verfasste ein Anschreiben, und reichte meine Bewerbungsunterlagen bei dem *Registrator* der Academy ein.

Natürlich fuhr ich weiterhin zu meinem Arbeitsplatz nach Newton, aber irgendwie hatte ich große Hoffnungen, dass ich die gewünschte neue Stelle bekommen könnte. Die täglichen Erniedrigungen und harten Worte würden dann der Vergangenheit angehören.

Der erste Schritt war vollbracht – ich wurde zu einem Vorstellungsgespräch eingeladen. Es verlief gut und man führte mich durch die Räumlichkeiten der Academy und stellte mich den anderen Angestellten vor. Sie schienen alle sehr nett und offen zu sein, was mir sehr gut gefiel. Zwei Tage später erhielt ich während der Arbeit einen Anruf vom *Registrator*, der mich fragte, ob ich die Stelle haben wollte. Mein „Ja" kam wie aus der Pistole geschossen. Ich hätte vor Freude auf und ab hüpfen können. Natürlich wollte ich!

Kurz darauf ging ich zu meinem Chef und teilte ihm mit, dass ich meine Kündigung einreichen wolle, da ich eine neue Stelle in Aussicht hätte. Er wusste, warum ich die Firma verlassen wollte und schien über meine Kündigung sogar etwas traurig zu sein. Wir unterhielten uns lange und es stellte sich heraus, dass er über die Verhaltensweisen seiner Mitarbeiterin Bescheid wusste, ihr aber aus verschiedenen Gründen nicht kündigen konnte. Er schrieb mir eine sehr gute Referenz, wofür ich ihm wirklich dankbar war.

Mein Chef

Die Traumjobs

Den neuen Job hatte ich natürlich auch Lisas Unterstützung zu verdanken. Ohne ihre Empfehlung hätte ich es bestimmt wesentlich schwerer gehabt, in dieser Branche Fuß zu fassen. Der Tag, an dem ich zum ersten Mal unterrichten sollte, rückte immer näher. Meine Güte – war ich aufgeregt! Mir wurde eine Klasse mit zwölf Schülern zugeteilt. Jeder von ihnen erwartete Unterstützung und Hilfe, um die Prüfungen zu bestehen, die sie am Ende des Kurses ablegen mussten.

Lisa stellte mich kurz vor und dann war ich auch schon auf mich allein gestellt. Meine Knie zitterten, aber das konnte ja niemand sehen. Es machte mich nur selbst verrückt. Wir setzten uns alle zusammen, um erst einmal herauszufinden, woher die einzelnen Kursteilnehmer kamen und wie ihre Erwartungen und Ziele aussahen. Es stellte sich heraus, dass zehn verschiedene Nationalitäten in der Klasse vertreten waren. Die Schüler stammten aus Ägypten, dem Iran, Polen, Russland, Sri Lanka, Samoa, Tonga, Neukaledonien und von den Cook-Inseln. Natürlich gab es auch einen Maori und zwei Pakeha, also „weiße" Kiwis.

Sie alle besuchten den Lehrgang, um das *National Certificate in Business Administration & Computing Level 2* zu erreichen. Um dieses Zertifikat zu erhalten, mussten meine Schüler insgesamt 19 Prüfungen bestehen, die hier *Assessments* genannt wurden. In diesen Tests sammelten sie Punkte, die sogenannten *Credits*. Erst wenn die Kursteilnehmer 60 *Credits* erzielt hatten, konnte das Dokument ausgestellt werden und sie bekamen einen offiziell anerkannten Abschluss. Da die *New Zealand Qualifications Authority* unser Schirmherr war, mussten wir Tutoren nach ihren Richtlinien arbeiten.

Ich lernte Unmengen neuer Dinge und nahm mir natürlich auch Berge von Arbeit mit nach Hause, um mich mit den Dokumenten vertraut zu machen. Ich benötigte viel Zeit, um den Unterricht des nächsten Tages vorzubereiten, aber es machte mir Spaß. Meine Schüler schienen *happy* zu sein und Stück für Stück voran zu kommen. Die Kollegen waren freundlich und mein Chef einfach der Beste. Ich bekam weiterhin viel Unterstützung von Lisa, was mir sehr gut tat.

Arbeiten mussten korrigiert, Vorstellungsgespräche mit neuen Studenten abgehalten, Abschlüsse organisiert, *Assessment*s erneuert und überprüft und vieles mehr erledigt werden. Das alles gehörte nun neben dem Unterrichten zu meinem täglichen Arbeitsablauf. Die Zeit verging wie im Fluge und mittlerweile fühlten wir uns in unseren Jobs sehr wohl. Wir hatten beide etwas gefunden, was wir unheimlich gern taten. Außerdem ging es uns finanziell jetzt auch wieder etwas besser.

Da wir keinen neuseeländischen Führerschein besaßen, mussten wir die theoretische Prüfung nachholen. Die Fragebögen lagen in einer Tankstelle aus und wir gingen sie so oft durch, bis wir uns sicher genug fühlten, die Prüfung ohne Fehler ablegen zu können. Glücklicherweise brauchten wir die praktische Fahrprüfung nicht noch einmal ablegen. Am 5. September 1997 hielten wir dann beide unsere neuen neuseeländischen Führerscheine in den Händen – ein tolles Gefühl!

In jenem Herbst schien so viel Neues auf uns zuzukommen. Langeweile kam überhaupt nicht auf und die Zeit flog nur so dahin. Inzwischen lebten wir nun schon fast ein ganzes Jahr in Neuseeland. Unsere Sprachkenntnisse verbesserten sich immer mehr und wir fühlten uns stärker integriert.

Im November – es ging wieder auf die Sommermonate zu – erwarteten wir erneut Besuch aus Deutschland. Mein Cousin blieb ein paar Tage bei uns, bevor er sich mit einem Mietwagen die Nordinsel Neuseelands ansehen wollte. Es war und ist immer wieder eine schöne Abwechslung, Freunde und Verwandte bei uns zu empfangen.

Dann stand Weihnachten auch schon wieder vor der Tür – unser zweites im Kiwiland. Ein Kollege lud uns zu einem Weihnachtskonzert ein, welches in Mt Roskill veran-

Besuch einer Marae in Süd-
Auckland

staltet werden sollte. Wir sagten zu und fanden etwa 1.200 Menschen in einer weihnachtlich geschmückten Kirche versammelt vor.

Als eines der ersten Lieder erklang – und das ist für neuseeländische Verhältnisse sicherlich ungewöhnlich – „Stille Nacht, Heilige Nacht". Wir Glücklichen kannten den Text auswendig und es machte richtig Spaß, mitzusingen. Natürlich kam in mir automatisch ein bisschen Heimweh auf. Aber ich denke, das gehörte dazu. Allerdings mussten wir auch schmunzeln, als uns die Aussprache der Kiwis auffiel. Es hörte sich wie „Stille Nackt, Heilige Nackt" an. Mit dem „ch" schienen die Kiwis so ihre Probleme zu haben. Aber jetzt wussten wir, warum mein Kollege uns so gern dabei haben wollte.

Doch auch das Alltagsleben ging weiter und auf der Arbeit gab es viel zu tun. Neben unseren üblichen Aufgaben gingen wir noch zu IT-Ausstellungen, veranstalteten einen Teambuilding-Tag am Maraitei Beach, besuchten eine *Marae* und vieles mehr. Es war immer noch jeden Morgen schön, aufzustehen – wir freuten uns einfach auf die Arbeit.

Auf der Arbeit sollte zur Feier der Festtage eine Weihnachtsfeier im Kollegenkreis stattfinden. Wir Tutoren saßen alle gemütlich zusammen in der Studenten-Cafeteria und hatten uns leckeres Essen bestellt. Neben jedem Teller lagen sogenannte *Christmas Cracker*. Ich hatte mich schon gefragt, was wir damit wohl anstellen würden, wusste zu dem Zeitpunkt aber noch nichts mit ihnen anzufangen. Auf einmal nahm jeder einen „Knaller" in die Hand und der Tischnachbar musste das jeweilige andere Ende festhalten. Alle lachten, als sie meinen wohl ziemlich fragenden Blick bemerkten. Sie erklärten mir, dass wir nun alle auf einmal mit einem Ruck an den Enden ziehen müssten, um die kleine Überraschung, die im Inneren der *Cracker* versteckt sei, zu bekommen. Es war – und es ist meistens – eine Papierkrone, die dann jeder am Tisch trug.

Da wir fast immer erwachsene Studenten betreuten, knüpften wir natürlich auch einige Bekanntschaften. Mit Helen, zum

Beispiel, die Hartmut seinerzeit auch schon an der *Academy* kennen gelernt hatte, freundeten wir uns an. Sie stammte aus Indien und war sehr herzlich. Normalerweise unternahmen wir in unserer Freizeit nichts mit unseren Kursteilnehmern, aber bei Helen wussten wir, dass es keinerlei Nachteile auf den Unterricht haben würde.

Besuch bei Helen und ihrer Familie

Sie lud uns zu sich nach Hause ein und wir freuten uns sehr darauf, ihre Familie kennen zu lernen. Sie hatte Zwillinge – zwei Mädchen – und einen Sohn. Also fuhren wir nach Mt Roskill, einem westlichen Stadtteil von Auckland, wo sehr viele Inder ein neues Zuhause gefunden hatten. Die indische Gemeine hatte dort sogar ihren eigenen Tempel gebaut. Man konnte ihn in seinem wunderschönen Baustil direkt von der Hauptstraße aus bewundern.

Helen und ihre Familie begrüßten uns unheimlich herzlich, als wir ankamen. Sie trugen alle indische Kleidung. Die Saris waren alle aus edlen Materialien angefertigt – atemberaubend farbenprächtig und wunderschön anzusehen. Als wir dann später ins Esszimmer gingen, um unser Mahl einzunehmen, erwartete uns eine Vielzahl von köstlich aussehenden indischen Spezialitäten. Uns fiel jedoch auf, dass das Besteck komplett fehlte. Als unsere Gastgeber zu essen anfingen, erkannten wir, dass sie nur ihre Fingern benutzten und taten es ihnen gleich. So entwickelte sich das gemeinsame Essen zu einer recht lustigen Angelegenheit. Wieder einmal hatten wir neue Erfahrungen gesammelt und an einem sehr schönen Nachmittag fremde Traditionen kennen gelernt.

Eine weitere liebe Bekannte war Lisa, und zwar nicht unsere nette Nachbarin, die auch an der *Academy* unterrichtete, sondern eine samoanische Schülerin – wohl geformt und mit einer großen Portion Humor ausgestattet. Sie war um die 50 und hatte sich in einen 20 Jahre jüngeren Mann verliebt. Wir kannten beide, denn auch ihr zukünftiger Ehemann hatte einmal eine unserer Klassen besucht.

Lisa lud uns zu ihrer Hochzeit ein, die im kleinen Kreis bei ihr zu Hause – nur ein paar Straßen entfernt von unserem

Samoanische Hochzeit

Heim – stattfinden sollte. Hartmut hatte an diesem Tag leider keine Zeit und so machte ich mich allein auf den Weg. Viele Gedanken schwirrten mir im Kopf herum, als ich zu ihrem Haus spazierte. Wer war wohl noch eingeladen? Jemand den ich kannte? Wie würden mich die anderen Gäste aufnehmen?

Als ich bei Lisa ankam, war die Hälfte der Leute draußen im Garten und die andere Hälfte im Wohnzimmer und im restlichen Haus verteilt. Lisa – in einem wunderschönen weißen Kleid – freute sich sehr, mich zu sehen. Sie führte mich überall herum und stellte mich ihrer Verwandtschaft vor. Mir wurde eine große Herzlichkeit entgegengebracht, obwohl ich die einzige „Weiße" war.

Mittlerweile war der Pfarrer eingetroffen und die Gäste sollten ihre Plätze einnehmen. Ich wurde zwischen zwei älteren Damen auf der Bank im Wohnzimmer platziert, wo ich natürlich schön artig und mit guter Haltung sitzen blieb. Die eine der Frauen lächelte mich freundlich an, legte ihre Hand auf mein Bein und redete auf Samoanisch mit mir. Ich verstand natürlich kein Wort und hatte keine Ahnung, was sie zu mir sagte, also lächelte ich nur freundlich zurück, was wohl als Antwort ausreichte.

Die Trauung wurde direkt im Wohnzimmer abgehalten. Auch davon konnte ich leider kein Wort verstehen, aber den Gesten, Emotionen und dem Ton der Stimmen nach ging es sehr feierlich vonstatten. Eine Riesenumarmungszeremonie folgte der Vermählung, danach wurde das Essen serviert. Meine Güte – ich glaube, ich hatte noch nie zuvor so viel Essen auf einmal gesehen! Davon hätten glatt doppelt so viele Menschen satt werden können. Einige samoanische Gerichte hatte ich ja schon mal probiert und ich fand sie sehr lecker. Auf das Fleisch verzichtete ich allerdings, es war mir ein bisschen zu fettig.

Da ich Lisas Tutorin war, brachten mir alle großen Respekt entgegen. Sie bezogen mich in ihre Gespräche ein und gaben sich viel Mühe, die Unterhaltungen in Englisch stattfinden zu lassen. Als im Garten dann später Fotos geschossen wurden, war es für mich an der Zeit, langsam wieder in Richtung Ropata Avenue aufzubrechen. Ich bedankte mich herzlich bei Lisa und verabschiedete mich von allen, die ich kennen gelernt hatte. Ich schätze es wirklich sehr, dass ich an so einer Feier teilnehmen durfte. Es war ein wirklich schönes Erlebnis, an das ich mich bestimmt noch sehr lange erinnern werde.

Am 29. Dezember 1997 begrüßten wir unseren nächsten Deutschlandbesuch am Flughafen in Auckland. Ein ehemaliger Kollege und seine Freundin hatten einen vierwöchigen Urlaub in *Down Under* geplant und hier waren sie nun – ganz gespannt darauf, Neuseeland zu erkunden und kennen zu lernen. Aber erst einmal gab es natürlich Unmengen zu erzählen. Die beiden blieben etwa eine Woche bei uns, fuhren dann mit ihrem *Campervan* durch das Land und verbrachten zum Abschluss ihres Neuseeland-Aufenthaltes noch ein paar Tage in Pt England. Silvester feierten wir an einem lauen Sommerabend mit ihnen und unseren Lieblingsnachbarn zusammen – natürlich mit kulinarischen Köstlichkeiten.

1998 schien das Jahr des Besuches zu sein, denn bereits am 22. Januar sollte meine vormals engste Mitarbeiterin mit ihrem Partner und einem Bekanntem in Auckland ankommen. Meine Güte – wie freute ich mich darauf, sie wiederzusehen! Meinen ehemaligen Kollegen, der noch bei uns zu Gast war, kannte sie natürlich auch, aber leider ergab es sich dann doch nicht mehr, dass wir uns alle trafen. Das war natürlich sehr schade, aber wir verbrachten trotzdem ein paar wirklich schöne Tage zusammen, bevor die drei ihren Camper abholten und auf Entdeckungstour gingen. Ihre Reise sollte wieder in Auckland enden und wir planten vor ihrem Rückflug, noch einige Dinge gemeinsam zu unternehmen.

Es ist immer wieder schön, wenn man von Menschen, die man sehr mag und gut kennt, Besuch erhält. Es freut uns besonders, wenn sie sich für unser Leben hier „unten" interessieren und wir Erfahrungen und Erlebnisse mit ihnen teilen können.

Die Zeit flog wieder einmal nur so dahin und mittlerweile

stand Ostern vor der Tür. Auf der Arbeit wurde uns immer wieder die Möglichkeit gegeben, den Teamgeist in den Klassen durch verschiedene Aktivitäten zu stärken. Da wir in der Gruppe großen Wert auf unsere unterschiedlichen Sitten und Gebräuche legten, kam mir die Idee, einen alten Brauch wieder aufleben zu lassen, den ich als Kind in unserer Familie sehr gern miterlebt hatte. Es handelte sich um das Eierfärben, welches hier im Kiwiland und anscheinend auch in den anderen Kulturen nicht sehr bekannt ist.

Nachdem ich mein Vorhaben erklärt hatte, waren alle von meinem Plan begeistert. Jeder meiner Schüler brachte ein paar der Utensilien mit, die wir zum Eierfärben brauchten. Zwei große Kochtöpfe, gefüllt mit heißem Wasser und einer Unmenge von Zwiebelschalen, blubberten in der Angestelltenküche vor sich hin. Wir schnappten uns Nylonstrümpfe, Farnblätter, Fäden und schon konnte es losgehen.

Die „Arbeit" schien allen eine Riesenfreude zu bereiten. Zunächst wickelten wir die Farnblätter um die rohen Eier. Darüber legten wir ein Stückchen Nylon und befestigten es mit einem Fädchen, damit es nicht verrutschen konnte. Anschließend wurden die Eier im Zwiebelschalenwasser hart gekocht. Die Ergebnisse konnten sich wirklich sehen lassen: das Muster der Farnblätter war deutlich auf den mittel- bis dunkelbraun gefärbten Eiern zu sehen. Nachdem wir alle gemeinsam wieder aufgeräumt hatten, sagten mir viele meiner Schüler, dass ihnen das Eierfärben sehr viel Spaß gemacht hatte.

Nachdem die Schüler gegangen waren, wollte mein Chef mich sehen. Er teilte mir mit, dass er von dem Erfolg des Eierfärbens gehört habe, er müsse mich aber bitten, es nie wieder zu tun. Er meinte, es hätte noch nie so fürchterlich in seinem Büro gestunken wie an diesem Tag. Zu seinem Leidwesen befand sich sein Büro in der Nähe der Küche. Wir mussten beide laut lachen, waren uns aber einig, dass so etwas nicht wiederholt werden müsse.

Einmal im Jahr findet ein Sporttag statt. In diesem Jahr

trafen sich alle Studenten der *Academy* und ihrer Zweigstellen auf einem Sportplatz in Mangere, um Kricket, Netzball, Rugby und viele andere der üblichen Sportarten auszutragen. Ich fühlte mich ein bisschen fehl am Platz. Sicher war meine ganze Klasse bereit, gegen andere Teams anzutreten, aber ich konnte auf dem Spielfeld nicht mit ihnen gemeinsam kämpfen, da ich keine der Spielregeln kannte. Das stimmte mich ganz schön traurig, aber es ging auch ohne mich. Dafür musste ich sie umso mehr anfeuern, was ja auch eine wichtige Aufgabe war.

Natürlich bestand das Leben meiner Schüler nicht nur aus solchen angenehmen Aktivitäten. Die meiste Zeit wurde gelernt, um die Examen zu bestehen. Nebenbei wurden Lebensläufe auf Vordermann gebracht, Praktikumsstellen organisiert und schließlich mussten sich alle um Arbeit bewerben. Doch es lief gut. Über die Hälfte der Schüler aller ehemaligen Klassen fanden entweder einen Job im Dienstleistungsbereich oder sogar eine Bürostelle. Die anderen belegten wieder einen Aufbaukurs oder bemühten sich auf eigene Faust, Arbeit zu finden. Oftmals bekamen wir noch ein paar Monate später Anrufe von Schülern, die erst dann in die Berufswelt eingetreten waren.

Da auch das Arbeitsamt von den Ergebnissen unterrichtet werden musste, stand jeder Tutor unter dem Druck, die Schüler entweder in Jobs oder in aufbauenden Kursen unterzubringen. Dass „nur" die Hälfte der Studierenden vermittelt wurde, stellte für die Behörde nicht unbedingt ein gutes Ergebnis dar. Wenn man aber bedenkt, dass ein Viertel unserer Schützlinge ursprünglich überhaupt nicht am Kurs teilnehmen wollte, sondern „hingeschickt" wurde, dann sieht die ganze Sache schon anders aus. Es war natürlich wesentlich schwieriger, diese Schüler zu motivieren, täglich zum Unterricht zu erscheinen und mitzuarbeiten.

Wenn ein Kurs kurz vor Weihnachten endete, war es besonders schwierig, den Schülern einen Arbeitsplatz zu vermitteln, da keine Firma so kurz vor den Feiertagen neues Personal einstellte. Generell stellten wir fest, dass die Zeit von

November bis etwa Mitte Februar – wenn die Sommerferien vorbei und alle Kiwis wieder zurück an ihren Arbeitsplatz gekehrt waren – eher ruhig und nicht gerade günstig für die Stellensuche war.

Start in die Selbständigkeit

Die Idee, uns selbständig zu machen, bekamen wir einfach nicht mehr aus unseren Köpfen und so hockten wir oftmals nach der Arbeit noch stundenlang zusammen und schmiedeten Pläne. Wir besorgten uns Anträge und Informationsmaterial – alles, was wir brauchten, um ein genehmigtes und registriertes privates Lehrinstitut aufmachen zu können. Eines Tages fuhren wir nach *Downtown* Auckland und vereinbarten einen Termin mit der *NZQA*, der *New Zealand Qualifications Authority*, der wichtigsten Behörde zur Anerkennung nationaler – und auch internationaler – Qualifikationen in Neuseeland. Eine nette, ältere Dame nahm sich ausreichend Zeit, um uns zuzuhören. Sie war sehr hilfsbereit, erläuterte uns die Vor- und Nachteile der Selbständigkeit und wies uns auch auf all die Dinge hin, auf die wir achten müssten. Als wir ihr Büro wieder verließen, wussten wir eine ganze Menge mehr und sahen unseren Plänen sehr zuversichtlich entgegen.

Daraufhin besuchten wir spezielle Berater, von denen wir kleine Tipps bekamen und fingen an, uns über einen Firmennamen Gedanken zu machen. Es schien, als zöge es uns regelrecht in Richtung Selbständigkeit. Am 17. September 1998 war es dann soweit: wir meldeten eine Firma namens IT Training Institute Ltd unter unseren beiden Namen an. Das war für uns der erste offizielle Schritt. Doch der bürokratische Teil – und somit die Hauptarbeit – lag jedoch noch vor uns.

Ein Grundkonzept musste erstellt, Räumlichkeiten angemietet, Kurse entworfen und Examenspapiere besorgt werden. Das waren nur ein paar der vielen Dinge, die wir in Angriff nehmen mussten, wobei das Konzept den vorerst wichtigsten Schritt darstellte. Wir hatten uns die Richtlinien von der *NZQA* besorgt und sie immer wieder gelesen, sodass wir einen guten Leitfaden besaßen, was von uns erwartet wurde.

Außerdem halfen uns natürlich die mittlerweile gesammelten Berufserfahrungen.

Als Selbständige mussten wir auch einen anerkannten Steuerberater nachweisen. Diesen zu finden, sollte auch einer unserer ersten Schritte sein. Natürlich sahen wir in den Gelben Seiten nach und hatten ursprünglich vor, uns einen in der Nähe unseres Wohnortes zu suchen. Nachdem wir einen ausgewählt hatten, riefen wir ihn an, vereinbarten einen Termin und schon am nächsten Tag saßen wir ihm gegenüber und unterbreiteten ihm unsere Pläne. Da wir noch nicht über einen Geschäftsplan verfügten, mussten wir ihm verbal von unserem Vorhaben berichten. Natürlich war es für uns auch sehr wichtig zu wissen, wie hoch sein Honorar ausfallen sollte.

Als wir die von ihm genannte Zahl hörten, verabschiedeten wir uns freundlich und verblieben dabei, dass wir uns melden würden, wenn wir seine Hilfe in Anspruch nehmen wollten. Das Ganze war nicht so einfach, denn uns stand kein großer finanzieller Spielraum zur Verfügung. Alles, was wir hatten, waren die wirklich letzten Ersparnisse aus Deutschland. Wir waren gewillt, alles in unseren Traum zu investieren – aber wir mussten hart kalkulieren, damit wir es schaffen konnten.

Wie um alles in der Welt sollten wir nur einen Steuerberater finden, den wir uns leisten konnten? Wir mussten einen nachweisen, damit wir unseren Antrag einreichen konnten. Dann fiel uns wieder ein, dass der Berater, den wir vor kurzem aufgesucht hatten, uns eine Visitenkarte von einer Kollegin in Süd-Auckland mitgegeben hatte. Also fuhren wir nach Papatoetoe, wo wir auf Anhieb ihr Büro fanden, da es direkt an der Hauptstraße lag.

Uns erwartete eine nette, junge Frau Anfang 30. Sie bat uns freundlich lächelnd in ihr Büro. Als wir ihr auch von unserem Vorhaben berichteten, zeigte sie Interesse und hörte uns aufmerksam zu. Wir sprachen über ihr Honorar, über das wir angenehm überrascht waren und wir entschlossen uns, sie zu engagieren. Um den Antrag bewilligt zu bekommen, waren wir zudem verpflichtet, einen Geschäftsplan vorzubereiten, den sie später gern noch einmal durchsehen wollte. Sie gab uns alle Unterstützung, die wir in diesem Augenblick auch wirklich brauchten. Wir waren glücklich, denn sie glaubte an uns. Nun konnte es weitergehen. Wir nahmen die nächste Hürde in Angriff.

Mit dem Konzept kamen wir langsam, aber gut voran. Nun galt es, geeignete Räumlichkeiten zu finden. Als wir eines Abends in Pt England spazieren gingen, kamen wir an einem ehemaligen Mädchen-College vorbei, welches nun bis auf eine kirchliche Organisation leer zu stehen schien. Wir gingen die Auffahrt hoch Richtung Eingang und hatten Glück, den Pastor selbst vorzufinden. Auch er war sehr hilfsbereit und versuchte, sich in unsere Pläne hineinzuversetzen. Allerdings gehörte ihm das Gebäude nicht, sondern einer Maori-Stiftung. Er selbst hatte seine Räume auch nur angemietet. Aber er sah keinen Grund, nicht für uns nachzufragen, ob wir eventuell einen Raum und ein kleines Büro bekommen könnten. Das hörte sich für den Anfang doch schon mal ganz gut an. Dafür hinterließen wir ihm all unsere persönlichen Angaben.

Das *Christian Life Center* wurde zu der Zeit von einer kleinen Gruppe von in Pt England und Umgebung ansässigen Menschen geleitet, die jungen Leuten halfen, ihre Freizeit zu gestalten, um sie von der Straße zu holen. Sie unterstützten sie dabei, Arbeit zu finden, richteten mit gebrauchten Fitnessgeräten ein altes Klassenzimmer als Sportraum her und veranstalteten oft Gottesdienste, zu denen jeder herzlich willkommen war.

Die Kirche in Neuseeland ist im Allgemeinen – egal welcher Religion man angehört – viel lockerer als in Deutschland. Es wird gesungen, gelacht und zusammengesessen. Musik spielt eine sehr große Rolle. Dabei werden keine schweren, wehmütigen Melodien, sondern lustige, rhythmische Lieder vorgebracht oder mitgesungen. So fällt es auch den jungen Leuten leicht, an diesen Aktivitäten teilzunehmen.

Nach ein paar Tagen rief uns Graham – so hieß der Pastor, hier „Minister" genannt – an, um uns mitzuteilen, dass unserem Anliegen prinzipiell nichts entgegenstand. Wir müssten nur noch verschiedene Einzelheiten besprechen. Also vereinbarten wir mit ihm einen neuen Termin, an dem er uns herumführte und die Räume, welche eventuell in Frage kommen würden, zeigte. Seine Kirche nutzte von den Räumlichkeiten nur drei oder vier Büros sowie eine große Halle, die der Schule vorgelagert war. Dahinter lagen die langen Schulgänge mit all den Schließfächern.

Die uns zugedachten Räumlichkeiten bedurften einer totalen Grundreinigung, wenn wir sie für unsere Zwecke nutzen wollten. Im besagten Klassenraum selbst befand sich zwar noch eine riesige Schiefertafel, aber es gab weder einen Fußboden noch waren die Wände gestrichen. Trotzdem konnten wir das Potential erkennen – für unser Vorhaben hatten wir genau das Richtige gefunden.

Das Büro, welches wir unbedingt benötigten, lag hinter einem von der Kirche für Kindergottesdienste benutzten Klassenzimmer. Man würde also durch diesen Raum gehen müssen, um zu uns zu gelangen. Aber auch das sollte kein Hindernis darstellen. Das sogenannte „Büro" sah allerdings noch wilder und wüster aus als die Klassenzimmer selbst.

Der Pastor machte uns einen gutes Angebot. Wenn wir die Räume in Ordnung brächten, Zeit und Material investierten, würde er uns dafür nur eine sehr geringe Miete berechnen. Für alles, was auch nach unserer Nutzung in den Räumen bleiben würde, bekämen wir eine Rückerstattung. Zu einem späteren Zeitpunkt wollten wir darüber noch einmal reden. Außerdem mussten ausreichend Stellplätze nachgewiesen werden, was auch kein Problem darstellte.

Das alles hörte sich sehr gut an. Nach zwei weiteren Zusammenkünften schlossen wir dann endlich den Mietvertrag ab. Auch dieser gehörte mit zu unserer Antragsstellung. Wieder hatten wir eine Hürde überwunden. Schließlich hatten wir alle Dokumente zusammen und konnten sie bei der *NZQA* vorlegen. Noch war alles offen, aber unser Konzept stand und wir befanden uns auf dem besten Wege, unseren Traum wahr werden zu lassen

Mittlerweile war es war September geworden. Hartmut hatte sich in der Zwischenzeit für ein Studium in *Information Systems* am *Manukau Institute of Technology* eingeschrieben, um zusätzliche anerkannte Qualifikationen zu erhalten. Ich dagegen arbeitet nun schon seit fast einem Jahr an der *Academy*. Allerdings schien es im Moment nicht wirklich gut auszusehen und man unterrichtete mich darüber, dass der *Business Administration & Computing*-Kurs gestrichen werden sollte. Es bestand einfach zu wenig Nachfrage nach dem Kurs und es würde sich nicht mehr lohnen, ihn weiterzuführen. Das hatte zur Konsequenz, dass ich redundant wurde – was wiederum hieß, dass ich ab Dezember 1998 ohne Arbeit dastehen würde.

Dieser Riesenschock brachte mein Selbstbewusstsein ziemlich ins Wanken. Ich fing an, mich zu fragen, was ich wohl falsch gemacht hatte. Obwohl ich mehrmals täglich zu hören bekam, dass es überhaupt nichts mit mir als Tutor zu tun hätte, nagten Selbstzweifel an mir. Es war schließlich das erste Mal, dass ich meinen Arbeitsplatz verlassen „musste". Deshalb dauerte es auch eine ganze Weile, bis ich wieder bereit war, etwas neues in die Hand zu nehmen und meine Zukunft anzugehen – das heißt, mich nach neuen Jobs umzusehen.

Immerhin wussten wir noch nicht hundertprozentig, wie es mit unserem Antrag für unser eigenes Institut weitergehen würde und ich wollte mich nicht nur darauf verlassen. Ich bewarb mich auf eine Stelle bei der Firma, bei der Hartmut einen Halbtagsjob besaß. Ein paar Tage später wurde ich zum Vorstellungsgespräch eingeladen. Es handelte sich um die gleiche Arbeit, die ich bis jetzt inne gehabt hatte – nur eben abends und teilzeit, aber das war völlig in Ordnung. Mittlerweile trat ich sehr selbstsicher auf, da ich mehr Ahnung hatte, wovon ich sprach, und wusste, um was es ging. Außerdem handelte es sich immer noch um meinen Traumjob. Das half immens.

Der Leiter der *Academy* wusste natürlich Bescheid und es stellte überhaupt kein Problem dar, ein paar Stunden oder einen halben Tag frei zu bekommen, um mich nach einer neuen Arbeit umzusehen. Er überreichte mir ein Referenzschreiben, welches so gut war, dass ich wirklich sprachlos vor ihm stand. Er freute sich sehr, dass er mir behilflich sein konnte. Zudem war er bereit, telefonisch zur Verfügung zu stehen, falls jemand eine Beurteilung meiner Arbeit und Persönlichkeit wünschte, was in Neuseeland sehr oft in Anspruch genommen wird.

All dies half, mein Selbstbewusstsein wieder zu stärken. Offensichtlich hatte die Kündigung wirklich nichts mit meinen Qualifikationen zu tun. Bis Mitte November unterrichtete ich weiterhin meine Klasse, für die restlichen Wochen übernahm eine Vertretung. Es fiel mir sehr schwer aufzuhören, aber jetzt warteten wichtigere Dinge auf mich.

Der Abschied von der *Academy* verlief herzlich und traurig zugleich. Dort zu arbeiten, hatte sich für mich als eine positive und gute Erfahrung herausgestellt. So hatte mir dieser Job schließlich die Möglichkeit gegeben, herauszufinden, was ich wirklich liebte und welche Aufgabe mir am Herzen lag.

Kurze Zeit später erhielten wir einen Anruf von der *NZQA* und ein Sachbearbeiter, unser sogenannter Case Manager, meldete sich zu einer Überprüfung an. Wir waren zwar ziemlich aufgeregt, wussten aber genau, was wir wollten. Unser Sachbearbeiter entpuppte sich als eine etwa dreißigjährige Frau, die pünktlich mit einem Lächeln auf dem Gesicht zu unserem Termin erschien. Über zwei Stunden lang stellte sie uns gezielte Fragen. Das Gespräch verlief jedoch sehr gut, da wir über alles Auskunft erteilen und die benötigten Dokumente vorweisen konnten, so dass der Bearbeitung unseres Antrages nichts mehr im Wege stand.

Nachdem sie uns wieder verlassen hatte, saßen wir noch lange am Tisch und sahen uns an. Es war ein unbeschreibliches Gefühl. Ein positives Gefühl! Natürlich fragten wir uns immer wieder, ob wir auch wirklich alles hundertprozentig bedacht hatten. Ich glaube, das liegt an unserer deutschen Erziehung. Doch diese Einstellung hat uns hier in Neuseeland bei der Arbeitssuche und auch bei der Verwirklichung unseres Traumes sehr geholfen. Wir standen zu dem, was wir sagten, und versuchten, es wie versprochen oder besser zu erledigen. Und nun waren wir auf dem besten Weg, die Genehmigung für unser eigenes Institut zu erhalten.

Am 2. November 1998 unterzeichnete ich den Vertrag bei meinem neuen Arbeitgeber und am 16. November sollte mein erster Arbeitstag sein. Meine Kurszeiten waren montags bis donnerstags von 18:00 bis 22:00 Uhr und der Unterricht sollte in der Zweigstelle Otahuhu stattfinden – leider nicht in dem gleichen Stadtteil, wo Hartmut arbeitete.

Voraussetzung für meine neue Tätigkeit war allerdings, dass ich noch einmal die Schulbank drückte, um mein Zertifikat in Erwachsenen-Bildung nachzuholen. Da es auch in der Zukunft hilfreich sein würde, dieses Zertifikat zu besitzen, war ich natürlich gern dazu bereit. Also schrieb ich mich am Auckland Institute of Technology für einen Vollzeitkurs ein.

Hartmut brachte mich jeden Morgen nach *Downtown* Auckland und dann fuhr ich weiter mit dem Shuttlebus über die Harbour Bridge zum North Shore Campus, Block F, wo mein Unterricht stattfand. Durch meine Weiterbildung hatte ich abends gerade noch ein oder zwei Stunden Zeit für mich, bevor meine Arbeit anfing.

Am Kurs nahmen ungefähr zwanzig Personen teil, alle zwischen 25 und 45 Jahre alt. Die meisten waren entweder in der Erwachsenenbildung tätig oder an der Universität von Auckland beschäftigt. Es machte mir riesigen Spaß, wieder auf der Schulbank zu sitzen – besonders, da die gesamte Truppe und unser Tutor sehr motiviert waren. Jeder von uns musste selbst eine Unterrichtseinheit gestalten und abhalten.

Obwohl ich inzwischen schon unterrichtet hatte, zitterten meine Knie, als ich vor den anderen Kursteilnehmern frei reden sollte. Bevor ich also auf mein eigentliches Thema zu sprechen kam, beichtete ich allen, wie aufgeregt ich sei. Dafür

Klassenzimmer vorher

erntete ich allgemeines Kopfnicken und Schmunzeln. Die nächste Kandidatin – eine der Ältesten, die täglich unterrichtete – verriet ebenfalls, dass sie nervös sei. Alle lachten und jeder einzelne schien froh, dass es den anderen ähnlich ging.

In der Klasse bildeten Recherche- und Gruppenarbeit den lockeren Teil des Unterrichts. Die schriftlichen Examensarbeiten erforderten dagegen Disziplin und harte Arbeit. Alles in allem war es aber eine wunderbare Erfahrung. Ich bestand mein erstes Modul des Zertifikats mit *Merit*, also ziemlich gut, worüber ich mich sehr freute.

Nachdem mein Weiterbildungskurs abgeschlossen war, konnten wir nun über die Tagesstunden frei verfügen. Wir hatten bereits angefangen, unsere Räumlichkeiten auf Vordermann zu bringen. Das große Reinemachen, bei dem Tausende von Spinnenfamilien leider ihr Zuhause lassen mussten, schien ewig zu dauern. Ein neuer Teppich wurde verlegt, die Wände gestrichen, Rollos besorgt und neue Möbel ausgesucht.

Da wir wirklich knapp bei Kasse waren, kam Hartmut auf die Idee, in einen Baumarkt zu gehen und zehn Türen sowie zwanzig Sägeböcke zu kaufen. Sich über diesen ungewöhnlichen Einkauf wundernd, schaute uns der Verkäufer fragend an – die Erklärung war jedoch ganz einfach. Wir hatten uns überlegt, großflächige Tische, an denen zwei Personen bequem am Computer sitzen konnten, daraus zu bauen. Hartmut war und ist glücklicher Weise eben ein „Heimwerkergenie". Mit zwei linken Händen hätten wir so manches in all den Jahren nicht in Angriff nehmen können.

An meinem neuen Arbeitsplatz wurde ich in der Zwischenzeit sehr herzlich aufgenommen. Meine Klasse war bunt gemischt. Viele Maoris und Insulaner, aber auch Europäer und Frauen aus Russland nahmen an meinem Kurs teil. Allerdings war das Institut abends wie ausgestorben. Abgesehen von meinem Kurs mit seinen circa fünfzehn Teilnehmern fand nur noch ein Gastronomie- und ein *Computing*-Lehrgang auf der nächsthöheren Stufe statt.

Whangarei Heads

Whangarei Wasserfälle

Zuhause in der Going Road

Hartmuts Projekt

Lisa, Mike und Hartmut

Pepper, das neue Familienmitglied

Ruakaka Beach

Riesenherden

Der Skipper

Die Samstagsklasse

Mei und Penny in Aktion

Graduation der Gastronomie-
Klasse

Neuankömmlinge

Pak'n save - Supermarkt

Pohutukawa, auch neuseeländischer Weihnachtsbaum genannt

Vitamin-C-Haushalt

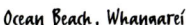
Ocean Beach, Whangarei

Ocean Beach

Yarra Place in Howick

Kelly und Kalib

In Teamarbeit entstanden

Kirchenmitglieder und Schüler

![Hundertwasser-Toiletten]

Hundertwasser-Toiletten

Bananenblüte

Doubtless Bay

Hafen von Tutukaka

Gemütlicher Abend

Waitangi Marae

Farne

Erfolgreich zusammengebaut

Computer-Service-Techniker bei der Arbeit

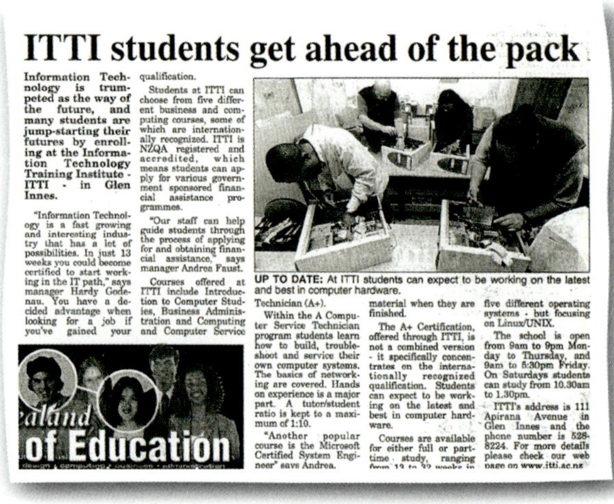

ITTI students get ahead of the pack

Information Technology is trumpeted as the way of the future, and many students are jump-starting their futures by enrolling at the Information Technology Institute - ITTI - in Glen Innes.

"Information Technology is a fast growing and interesting industry that has a lot of possibilities. In just 13 weeks you could become certified to start working in the IT path," says manager Hardy Godenau. You have a decided advantage when looking for a job if you've gained your

qualification.

Students at ITTI can choose from five different business and computing courses, some of which are internationally recognized. ITTI is NZQA registered and accredited, which means students can apply for various government sponsored financial assistance programmes.

"Our staff can help guide students through the process of applying for and obtaining financial assistance," says manager Andrea Faust.

Courses offered at ITTI include Introduction to Computer Studies, Business Administration and Computing and Computer Service

UP TO DATE: At ITTI students can expect to be working on the latest and best in computer hardware.

Technician (A+).

Within the A Computer Service Technician program students learn how to build, troubleshoot and service their own computer systems. The basics of networking are covered. Hands on experience is a major part. A tutor/student ratio is kept to a maximum of 1:10.

"Another popular course is the Microsoft Certified System Engineer" says Andrea.

material when they are finished.

The A+ Certification, offered through ITTI, is not a combined version - it specifically concentrates on the internationally recognized qualification. Students can expect to be working on the latest and best in computer hardware.

Courses are available for either full or part-time study, ranging from 13 to 32 weeks in

five different operating systems - but focusing on Linux/UNIX.

The school is open from 9am to 9pm Monday to Thursday, and 9am to 5:30pm Friday. On Saturdays students can study from 10.30am to 1.30pm.

ITTI's address is 111 Apirana Avenue in Glen Innes and the phone number is 528-8224. For more details please check our web page on www.itti.ac.nz

Artikel über ITTI

Am ersten Abend stellte ich mich an die Hauptstraße von Otahuhu, um auf Hartmut zu warten, der von Onehunga kam, um mich abzuholen. Merkwürdigerweise fuhren die Autos langsam an mir vorbei und die darin sitzenden Männer starrten mich an. Ich war froh, als Hartmut endlich kam und mich mitnahm.

Glücklicherweise gab es einen Sicherheits-Angestellten auf dem Gelände. Sein Name war John und er stammte aus dem Irak. Er war ein sehr herzlicher Mensch. Als ich ihm am nächsten Abend alles erzählte, sagte er, dass diese Straße eine Art Rotlicht-Milieu sei und ich mich bitte nicht mehr allein dort hinstellen solle, um auf Hartmut zu warten. Von da an leistete er mir Gesellschaft bis Hartmut mich abholte.

John und ich unterhielten uns oft in den Pausen und es war ihm völlig unverständlich, wie man freiwillig aus seinem Heimatland weggehen konnte. Er würde niemals mehr die Möglichkeit haben, in sein Land zurück zu kehren und wir lebten ohne Druck und Not hier. Seine Frau arbeitete ebenfalls als Tutorin und unterrichtete *Community Care and Support*, was einem (Kranken-)Pfleger-Kurs in Deutschland gleichkommen würde. Auch sie traf ich einmal persönlich. John und Hartmut dagegen kannten sich, weil Hartmut ja schon länger in der Firma arbeitete – wenn auch nicht in der gleichen Zweigstelle.

Eine weitere nette Kollegin war Wendy, die Gastronomiekurse unterrichtete. Diese blonde, schlanke, gut aussehende junge Frau musste in den Pausen immer unseren Klassenraum durchqueren, um auf der Hintertreppe ihre Zigarette zu rauchen. Manchmal leistete ich ihr dabei Gesellschaft und so kamen wir ins Gespräch. Sie war sehr beliebt bei ihren Schülern und auch ich freute mich mittlerweile schon darauf, die Pausen mit ihr zu verbringen. Wendy übte zusätzlich eine Tätigkeit in der Modeindustrie aus und somit ging uns nie der Gesprächsstoff aus.

Von Anita – der guten Seele der Firma – bekam ich immer kleine Zettelchen hinterlegt, auf denen stand, wen ich noch

Ros und Mike

anzurufen hatte oder wo ich meine Post finden konnte. Sie arbeitete schon sehr lange dort und Hartmut mochte sie auch sehr. Ich kannte sie zwar persönlich, traf sie aber abends nur sehr selten an, da sie bereits um 17:00 Uhr nach Hause ging.

Es war gar nicht so einfach, noch dort zu arbeiten und insgeheim schon zu wissen, dass wir bald selbst ein Institut wie dieses hier leiten würden. Noch hatten wir kein Wort darüber verlauten lassen. Wir mussten schließlich erst auf unsere endgültige Genehmigung warten.

Dann ging es auch schon wieder auf Weihnachten zu – wo war das Jahr nur geblieben? Ros, meine Brieffreundin aus Australien, rief uns an und teilte uns mit, dass sie und ihr Mann Michael am 5. Dezember mit ihrem Boot „Christine of Kent" im Hafen von Auckland anlegen würden. Was für eine schöne Überraschung! Wir hatten uns schon so lange nicht mehr gesehen.

Die beiden waren nun schon fast sieben Jahre mit dem Boot unterwegs. Sie schipperten reiche Leute durch die wunderbarsten Teile der Welt. Leider gehörte ihnen das Schiff nicht, sie waren nur die *Skipper*. Aber das Schiff war die größte und schönste Yacht im Hafen von Auckland. An Bord fühlten wir uns wie in einem luxuriösen Einfamilienhaus. Wir vier waren so glücklich, uns endlich wiederzusehen und es gab viel zu erzählen. In vollen Zügen genossen wir einen wunderschönen Abend zusammen.

Es gab noch einen weiteren Grund zur Freude: wir hatten endlich die Genehmigung für unser eigenes Trainingsinstitut erhalten. Nun mussten wir Farbe bekennen und unseren Arbeitgebern unseren Entschluss mitteilen. Als wir unsere Kündigung einreichten und sagten, dass wir bald auf eigenen Füßen stehen würden, waren sie nicht gerade erfreut. Wir mussten natürlich noch zwei Wochen bei ihnen arbeiten, bevor wir aufhören konnten.

Inzwischen hatte das neue Jahr begonnen und voller Elan blickten wir in die Zukunft. Der Endspurt lag vor uns. Im Februar sollten die ersten beiden Klassen beginnen. Wir waren mehr als gespannt. Es gab noch so viel zu erledigen. Überraschender Weise besuchte uns eine Mitarbeiterin des hiesigen Finanzamtes – der Inland Revenue – um uns ihre Hilfe anzubieten und alles Notwendige zu erklären.

Mittlerweile arbeiteten wir schon fleißig in unserem Büro. Hunderte von Broschüren wurden kopiert, Anzeigen geschrieben und alle Vorbereitungen getroffen, die nötig waren, um recht bald anfangen zu können. Nach ein paar Tage wurde dann das Firmenschild an der Hausnummer 86 der Elstree Avenue in Glen Innes aufgestellt. Jetzt war es offiziell. Unser *IT Training Institute* würde in ein paar Wochen eröffnen. Was für ein Gefühl!

Aufstellen des Firmenschildes

Im Vergleich zu den anderen Stadtteilen Aucklands herrschte in Glen Innes und seiner Umgebung eine hohe Arbeitslosigkeit. Das konnte ein Vorteil für uns sein. Wir beabsichtigten, Kurse für Erwachsene in den Bereichen Verwaltung, Buchführung sowie *Computing* auf verschiedenen Levels anzubieten. Unsere Schüler im Alter von 16 bis 60 Jahren sollten keinerlei Probleme haben, nach dem Abschluss – dem *National Certificate* – eine Ausbildung oder einen Beruf zu finden. Wir waren uns bewusst, dass wir unsere Arbeit gut machen mussten, denn wir besaßen nicht nur unseren Studenten gegenüber eine hohe Verantwortung. Zusätzlich standen uns auch regelmäßige Überprüfungen von der *New Zealand Qualifications Authority* und dem Bildungsministerium bevor.

Doch bevor wir uns ganz unserem Institut widmen konnten, musste ich noch meinen letzten Job in Angriff nehmen. Ich hatte zugesagt, eine Woche lang einen Kurs für Jugendliche in Onehunga abzuhalten. Es handelte sich hierbei um eine Vertretungsstelle. Bisher hatte ich nur Erwachsene unterrichtet – was für ein Unterschied zu Jugendlichen im Alter zwischen 14 und 16! Ich war ziemlich überrascht, wenn nicht sogar schockiert. Noch nie zuvor hatte ich streng sein oder jemanden zurechtweisen müssen. Am liebsten hätte ich nach der ersten halben Stunde meine Unterlagen wieder eingepackt

Ein Teil der Klasse

und wäre nach Hause gefahren, aber das wäre mit Sicherheit genau das Falsche gewesen.

Die Schüler schienen zu spüren, dass mich ihr wüstes Verhalten sehr enttäuschte. Dennoch änderten sie es nicht – zumindest nicht bis zum Mittag. In der Pause verließ ich das Klassenzimmer und ging ein paar Straßen weiter zum Einkaufszentrum, um mir ein *Sandwich* zu holen. Um in Ruhe über alles nachdenken zu können, setzte ich mich in den Park neben einer wunderschönen alten Kirche. Dann geschah etwas sehr Merkwürdiges. Die Mehrzahl der Jugendlichen kam und setzte sich zu mir. Sie begannen zu reden und die allgemeine Stimmung lockerte sich auf. Es tat ihnen sogar leid, dass sie sich mir gegenüber so schlecht benommen hatten.

Nach etwa einer Stunde kehrten wir alle gemeinsam ins Klassenzimmer zurück und begannen mit frischem Elan, an den Computern zu arbeiten. Jeder Einzelne gab sich nun die größte Mühe, die Aufgaben zu erfüllen. Was für ein Gefühl! Am Ende dieses Tages war ich sehr glücklich – so hatte ich selten zuvor empfunden.

Es wurde eine unvergessliche Woche. Wir hatten Spaß, lernten viel voneinander und kamen in großen Schritten mit unserer Arbeit voran. Der 22. Januar war mein letzter Tag an diesem Institut, doch mit vielen der Schüler blieb ich noch über mehrere Monate per Email in intensivem Kontakt. Mir ist bis heute nicht klar, was diesen Wechsel in ihrem Verhalten hervorgerufen hatte. Ich kann nur sagen, dass es eine überwältigende Erfahrung war, die mir gezeigt hat, wie schön es sein kann, auch mit Jugendlichen zu arbeiten.

Nachdem ich diesen Kurs beendet hatte, konnte ich mich endlich auf unsere eigenen Aufgaben konzentrieren. Hartmut hatte in der Zwischenzeit schon das Klassenzimmer hergerichtet, Computer zusammengebaut, Netzwerke erstellt – kurz gesagt, viele der wichtigsten Arbeiten erledigt. Da unsere Kurse aber noch nicht offiziell begonnen hatten, waren wir beide ein paar Wochen lang arbeitslos und mussten für eine Weile ohne jegliches Einkommen auskommen.

Da wir uns nicht hundertprozentig in der Lage sahen, diese Zeit finanziell zu überbrücken, stellten wir einen Antrag bei Work and Income, dem hiesigen Sozialamt. Wir bekamen eine ältere Dame als Sachbearbeiterin, die nur für uns zuständig war, zugeteilt. In einem längeren Gespräch erläuterten wir ihr ausführlich unsere Pläne und Ziele, woraufhin sie antworte, dass sie gern bereit sei, uns eine wöchentliche Beihilfe zu gewähren, da wir ihrer Meinung nach, nicht zu den typischen Sozialhilfeempfängern gehören würden.

Klassenzimmer

Dieser Zuschuss war wirklich knapp bemessen, aber wir hatten ja in der Zwischenzeit bereits gelernt, mit unseren Finanzen sparsam umzugehen. Unsere Sachbearbeiterin wollte genauestens wissen, wie viel wir wöchentlich für Einkäufe ausgaben und war mit unserer Antwort sehr zufrieden. Sie unterstützte uns, wo sie nur konnte. So kamen wir ganz gut über die Runden. Diese Erfahrung mit dem Sozialamt half uns später auch, uns in die Lage einiger Schüler versetzen zu können.

Hauptsächlich mussten wir uns jetzt aber um andere Dinge kümmern. Tagsüber kopierten wir Broschüren, die wir dann am Abend zu Fuß verteilten. Es mussten tausende von Heftchen gewesen sein, die wir in die Briefkästen von Glen Innes und Panmure warfen. Dabei trafen wir auf die unterschiedlichsten Leute, erzählten ihnen von unserem Vorhaben und bauten auf diese Weise schon ein persönliches Netzwerk auf. Das machte uns so viel Spaß, dass uns selbst die Kampfhunde, die manchmal hinter den Hecken warteten und gefährlich zu bellen anfingen, nicht abschrecken konnten.

Auch öffentliche Institutionen versorgten wir mit unseren Broschüren und klärten sie über unsere Pläne auf. So wandten wir uns zum Beispiel an die hiesigen Sozial- und Arbeitsämter, an das *Citizen's Advice Bureau* – eine Beratungsstelle, bei der man sich kostenlos rechtliche Auskünfte holen kann – und, nicht zu vergessen, an die Schulen. Gerade in unserer Gegend brachen viele Jugendlichen die Schule vorzeitig ab. Wer weiß, vielleicht waren sie ja an einer Ausbildungs-Alternative interessiert?

Kontakte knüpfen bildete also eine sehr wichtige Grundlage für unser Unterfangen. Lange bevor wir überhaupt die Selbständigkeit in Erwägung gezogen hatten, war Hartmut einmal mit einem Professor des Fachbereichs Naturwissenschaft der Auckland-Universität verabredet gewesen, um verschiedene Dinge bezüglich *Computer Sciences* zu besprechen. Da wir dessen Kontaktdaten noch besaßen, riefen wir ihn an und fuhren schließlich zur Universität, um ihn persönlich zu treffen. Er war ebenfalls aus Deutschland. Bevor er mit seiner Familie nach Auckland gezogen war, hatte er zunächst an der Technischen Universität Berlin und dann an der Universität in Berkley, Kalifornien, verschiedene Forschungsarbeiten betrieben.

Wir unterhielten uns ausführlich über unserer Pläne. Er stimmte zu, Mitglied in unserem *Advisory Board* zu werden. Wir waren nämlich verpflichtet, hochqualifizierte Fachleute für die Bereiche, die wir unterrichten wollten, aufzusuchen und sie zu bitten, uns mit ihrem fachlichen Wissen als Berater zur Seite zu stehen, sollten unsere Schüler irgendwelche Beschwerden einreichen oder wir einen Rat benötigen.

Wir beabsichtigten, uns in regelmäßigen Abständen zu treffen, um den weiteren Ablauf sowie eventuelle Vorkommnisse zu besprechen. Wir waren sehr glücklich, ihn an Bord zu wissen. Mit den Erfahrungen, die er in seinem Fachgebiet an der Universität von Auckland und auch in den Vereinigten Staaten gesammelt hatte, stellte er eine große Bereicherung für unsere Firma dar. Die Möglichkeit, sich mit ihm austauschen zu können, bedeutete uns sehr viel.

Die ersten Klassen

Schüler beim Lernen

Nach und nach suchten immer mehr Schüler, die sich für einen unserer Kurse einschreiben wollten, unser Büro auf. Die Anzeigen in der lokalen Zeitung hatten also auch ihren Zweck erfüllt. Am 2. Februar 1999 war es dann endlich soweit: ich unterrichtete meine erste Tagesklasse und Hartmut seine erste Abendklasse. Wir unterwiesen unsere Schüler in *Business Administration & Computing*. Sie konnten ihren Abschluss entweder nach 24 Wochen machen, wenn sie den Vollzeitkurs von 9:00 Uhr bis 15:00 Uhr besuchten, oder sie entschieden sich für den Teilzeitkurs von 18:00 Uhr bis 21:00 Uhr. Dieser war natürlich besser mit einer anderen Tätigkeit zu vereinbaren, dauerte allerdings 32 Wochen lang.

Im Vergleich zu unseren früheren Klassen waren bei uns weniger Nationalitäten vertreten. Das lag daran, weil in Glen Innes und Umgebung hauptsächlich Maoris und Insulaner aus Tonga, Samoa und von den Cook-Inseln wohnten. Ganz zu Anfang kamen uns einige Bedenken, ob sie uns als Pakeha – als „Weiße" – überhaupt akzeptieren würden. Aber diese Sorgen erwiesen sich sehr schnell als unbegründet.

Für die Büroarbeit stellten wir zur Unterstützung eine Praktikantin namens Nimo ein. Eines Tages beobachtete sie einen Herrn mit langen blonden Haaren, welcher erst um unser Büro herumschlich und sie dann zu unserem Alarmsystem befragte. Natürlich erteilte sie ihm keine genauere Auskunft.

Als er draußen an unserem geöffneten Bürofester vorbeikam, fragte ich ihn, warum ihn unser Alarmsystem so interessiere und wer er denn überhaupt sei. Schnippisch antwortete er mir, dass, wenn ich mich bei ihm offiziell vorgestellt hätte, ich wissen würde, dass er der Chef des lokalen *Iwi* sei und ihm das Gebäude sowie das Land gehöre.

Dazu muss man wissen, dass ein *Iwi* eine soziale Einheit von Maoris verkörpert, welche den gleichen Glauben verfol-

Neue Räumlichkeiten

gen, den gleichen Dialekt sprechen und die gleichen Kultur-
bräuche pflegen. In den verschiedenen Regionen Neuseelands
gibt es mehrere dieser Gruppen, die aber alle über ihr jeweils
eigenes Territorium verfügen. Für jegliche Veranstaltungen
treffen sich die Maoris übrigens in der lokalen *Marae*, ihrem
Versammlungshaus.

Doch zurück zu unserem Besucher. Seine Antwort war
ziemlich deutlich gewesen. Schnell folgte ich ihm nach draußen, um mich persönlich bei ihm vorzustellen. Er war nicht
davon begeistert, dass wir als Pakeha Maoris Unterricht erteil-
ten. Das eigentliche Problem schien jedoch ein anderes zu
sein: ein paar Straßen weiter gehörte ihm ebenfalles ein Trainingsinstitut, jedoch nur für Maoris. Wir waren ihm ein Dorn
im Auge, da er uns als Konkurrenten fürchtete. Ich versuchte,
seine Bedenken zu zerstreuen, indem ich ihm versicherte,
dass wir ihm niemanden abwerben wollten. Während unsere
Schüler sich ja bei der Ausbildungsbehörde um eine Art
BaFöG bewerben mussten, wurden ihm seine Studenten vom
Arbeitsamt zugesandt. Leider gelang es mir jedoch nicht, ihn
zu überzeugen und die angespannte Situation zu entschärfen.

Unser Mietvertrag mit der Kirche war zunächst nur bis
Mitte April gültig. Wir bekamen zwar die Zusage für ein weiteres halbes Jahr, allerdings war uns das zu unsicher. Daher
begannen wir, uns nach neuen Klassenzimmern umzusehen.

Am 5. Mai unterschrieben wir einen neuen Mietvertrag
für circa 400 Quadratmeter Bürofläche in der Apirana Avenue
Nummer 111 – ebenfalls in Glen Innes. Wir hatten großes
Glück gehabt, denn das Gebäude stand schon seit drei Jahren
leer und wir waren wir in der Lage, bei dem Vermieter eine
wirklich günstige Miete auszuhandeln. Die brauchten wir
auch unbedingt, denn bisher waren wir finanziell noch lange
nicht über den Berg.

Wieder hieß es, Dinge in die Wege zu leiten und zu organisieren. Als Werbemaßnahme bestellten wir für das Gebäude
zum Beispiel Flaggen mit dem Namen des Institutes drauf.
Zudem kauften wir neue Möbel, zusätzliche Overhead-Pro-

jektoren, *Whiteboards*, Computer, Stühle, Tische und vieles mehr.

Die Nachtklasse musste mit uns umziehen und ihren Kurs in den neuen Räumlichkeiten beenden. Wenn wir dann abends, nachdem alle gegangen waren, so allein im Klassenzimmer saßen, fragten wir uns, wie wir nur diese 400 Quadratmeter mit Schülern füllen sollten. Es herrschte Totenstille im Gebäude. Trotzdem waren wir zuversichtlich und ich glaube, keinem von uns beiden kam der Gedanke, dass wir es nicht schaffen würden.

Im Gegensatz zu den Abendschülern hatten die Schüler der Tagesklasse bereits ihren Abschluss in der Tasche, was traditionell mit einem wunderschönen Fest gefeiert wurde. Viele Absolventen brachten leckere Speisen mit, hielten Reden, spielten auf ihren Instrumenten oder führten Tänze aus ihren Heimatorten vor. Voller Stolz betrachteten wir unsere bunt zusammengewürfelten, ehemaligen Schützlinge, welche gelernt hatten, mehr als respektvoll miteinander umzugehen.

Nimo hatte in der Zwischenzeit eine Stelle bei der *Telecom New Zealand* gefunden und so wurde Lisa, eine Schülerin der ersten Tagesklasse des IT-Trainingsinstituts, die ihren Kurs erfolgreich abgeschlossen hatte, wenige Tage später unsere neue Praktikantin. Überhaupt konnte die Mehrzahl der Schüler in Jobs vermittelt werden und nur ein geringer Teil schrieb sich für ein Aufbaustudium ein, welches ebenfalls bei uns angeboten wurde. Es kam ganz darauf an, auf welchem Niveau sie angefangen hatten.

Unsere Lehrertätigkeit stellte eine große Bereicherung für uns da. Es war einfach unbeschreiblich, mit anzusehen, wie Menschen, die kaum an sich selbst geglaubt hatten, lernten ihre Zukunft selbst in die Hand zu nehmen. Und wenn sie dann auch noch den Job fanden, den sie sich gewünscht hatten, um ihre Familie finanziell zu unterstützen, erfüllte uns das mit tiefster Freude, denn wir hatten ja zu ihrem Triumph beigetragen.

Es hätte nicht besser laufen können. Die Erfolge unserer

Absolventen wirkten sich positiv auf das Institut aus. Wir erhielten immer mehr Empfehlungen, zum Beispiel, von Familienmitgliedern, die einen Kurs bei uns belegt hatten und nun in einem Arbeitsverhältnis standen. Mundpropaganda stellte sich als unser wirksamstes Werbemittel heraus. Aber auch unsere Schüler boten uns ihre Unterstützung an. So halfen sie uns beispielsweise, Zeitungsanzeigen in die tonganische oder samoanische Sprache zu übersetzen, wodurch wir ebenfalls neue Kunden gewannen.

Mit wachsender Schülerzahl benötigten wir eine Sekretärin. Glücklicherweise standen wir immer noch in Verbindung mit einer ehemaligen Schülerin von der *Auckland Academy*. Mittlerweile war sie sogar eine sehr gute Bekannte geworden. Nach ihrem Kurs hatte sie zwar eine Stelle bekommen, war jedoch nicht mehr glücklich damit. Deshalb boten wir Kelly an, für uns zu arbeiten. Es hätte zeitlich nicht besser passen können – wir verstanden uns nicht nur sehr gut mit ihr, sondern brachten ihr auch großes Vertrauen entgegen. Sie ging mit Menschen jeder Abstammung sehr freundlich um und besaß einen wundervollen Humor. Und wie heißt es doch so schön? Die Sekretärin ist die Seele der Firma. Wir waren froh, sie bei uns „an Bord" zu haben.

Um Praktikumsstellen für die Schüler zu organisieren, besuchten wir kleinere und größere Firmen der Umgebung und stellten uns bei ihnen vor. Viele reagierten sehr entgegenkommend und hilfsbereit, so dass wir nach wenigen Monaten bereits eine beachtliche Liste zur Auswahl besaßen. Da unsere Schüler über die gewünschten Fähigkeiten verfügten, waren die Unternehmen mit ihren Leistungen mehr als zufrieden. Nun brauchten wir nur noch anzurufen und Vorstellungsgespräche zu vereinbaren. Ohne Probleme gelang es uns, die Mehrzahl unserer Schüler an neue Arbeitsstellen zu vermitteln, was ja unser Hauptziel war.

Das Bildungsministeriums und die *New Zealand Qualifications Authority* verfolgten das gleiche Ziel. Um weiterhin die Unterstützung des Staates in Anspruch nehmen zu können, benötigten wir eine hohe Erfolgsquote und waren verpflichtet, regelmäßig Statistiken über unsere Vermittlungen an die Ausbildungsbehörden zu übermitteln.

In der Zwischenzeit hatte sich unser ITTI – Information Technology Training Institute Ltd – zu einem anerkannten Prüfungszentrum für *Sylvan-Prometric*-Kunden entwickelt. Sie konnten zum Beispiel internationale Microsoft-Examen wie *MOUS, MCSE, MCSA* und andere bei uns absolvieren. Auf diesem Gebiet kannte sich Hartmut mittlerweile bestens aus. Er kümmerte sich um die Netzwerke, löste Computerprobleme und unterrichtete die höheren Stufen.

Buchführung am Sonntag

Unsere Öffnungszeiten waren montags bis donnerstags von 8:30 Uhr morgens bis 21:00 Uhr und freitags von 8:30 Uhr bis 15:00 Uhr. Zusätzlich veranstalteten wir Buchführungskurse, die samstags von 9 Uhr bis 14:00 Uhr stattfanden, damit wir die Räumlichkeiten am effektivsten nutzten. Nach dem Unterricht hieß es dann saubermachen. 400 Quadratmeter waren riesig und zu Beginn brauchte ich Stunden, um alles wieder in Ordnung zu bringen. Nach ein paar Monaten im neuen Gebäude half Kelly ebenfalls beim Putzen. Dadurch wurde es einfacher.

Freunde treffen, ausgehen oder verreisen – das alles waren Fremdwörter für uns. Wir hatten einfach keine Zeit mehr dafür. An Samstagen, nach Unterrichtsschluss, fuhren wir manchmal nach Hause, aber oftmals mussten wir noch verschiedene Dinge organisieren und Einkäufe erledigen. Die Sonntage verbrachten wir mit der Buchführung. Kelly besuchte uns ab und an einmal oder Burkhard – ein ehemaliger Mitbewohner – kam vorbei.

Es mag sich vielleicht merkwürdig anhören, aber trotz der vielen Arbeit und der wenigen Freizeit haben wir jede einzelne Minute davon genossen. Unsere Arbeit war nämlich unglaublich befriedigend und unser Erfolg entschädigte uns für alle Mühen. Außerdem wurden wir von sehr netten Menschen unterstützt. Unser ältester Freund Ken, zum Beispiel, schaute oft bei uns herein. Meist kam er direkt in das Institut.

John und seine Frau Nyra

Er war es dann auch, der uns einen pensionierten Steuerberater empfahl, den er sehr gut kannte.

Kens Freund John und dessen Frau Nyra wohnten an der *North Shore* in Auckland. Bei den beiden handelte es sich um ein um die 70 Jahre altes Ehepaar, doch wir verstanden uns auf Anhieb bestens und nahmen uns vor, sie öfter zu besuchen. Was das Institut betraf, war John ebenso eine große Hilfe für uns. Er ging mit uns die Papierberge durch und war davon überzeugt, dass wir uns auf dem richtigen Weg befanden.

Auch der Vermieter der Apirana Avenue Nummer 111, wo wir unser Geschäft besaßen, kam ab und an auf einen Kaffee vorbei. Es war ein großer Vorteil für uns, dass wir hervorragend miteinander auskamen. Das Gebäude musste nämlich regelmäßigen Sicherheitskontrollen, eine Art TÜV für Geschäftsräume, unterzogen werden, worum er sich kümmerte. Ein Probe-Feueralarm und vieles mehr wurde schriftlich verlangt und dann kontrolliert. Jährlich bekamen wir mit einem neuen Zertifikat bestätigt, dass das Gebäude allen Anforderungen entsprach.

Neue Kurse

In der Zwischenzeit erhielten wir nicht nur Anfragen zu den *Computing*-Kursen, sondern auch zu Gastronomiekursen. Weder Hartmut noch ich besaßen jedoch die Qualifikation, solche Lehrgänge zu unterrichten. Um Gastronomiekurse dennoch in unser Angebot mit aufnehmen zu können, engagierten wir eine Tutorin, die jahrelang Erfahrung auf diesem Gebiet gesammelt hatte. Penny, eine Cook-Insulanerin, die wir

Unterricht in der Barschule in Downtown Auckland

schon von früheren Arbeitsverhältnissen her kannten – half uns bei der Kursvorbereitung. Nachdem alle Vorbereitungen getroffen, die Unterlagen eingereicht, von der *NZQA* sowie dem Bildungsministerium überprüft und genehmigt worden waren, konnten wir mit den Einschreibungen für unseren ersten Gastronomiekurs beginnen. Hierbei handelte es sich um ein ganz anderes Klientel als bei den Computer-Schülern und wieder einmal um eine völlig neue Erfahrung für uns.

Alkohol im Gebäude? Das wollten wir jedoch nicht. Es wäre auch zu gefährlich gewesen. Auf keinen Fall wollten wir Einbrüche oder andere negative Zwischenfälle riskieren. Also vereinbarten wir, dass die Schüler einige Tage in Pennys Barschule in Newmarket, in *Downtown* Auckland, verbringen würden, um das Mixen von alkoholischen Getränken zu erlernen, was ein Teil Bestandteil des Kurses bildete.

Es war ein ganz normaler Morgen im Institut. Der Kaffee duftete, die Angestellten und die Schüler trudelten langsam ein, aber irgendetwas stimmte nicht. Ich sprach Kelly darauf an und fragte sie, warum einige Schüler gerötete Augen besaßen. Sie schaute mich überrascht an: „Andrea? Ja, weißt Du denn nicht, was mit ihnen los ist?" Sie waren *stoned* – sie hatten Drogen genommen. Damit waren wir bisher noch gar nicht konfrontiert worden. Was nun? Wir beratschlagten uns kurz, informierten Penny und holten dann jeden einzelnen der Jugendlichen in das Interview-Zimmer, um die Situation zu besprechen.

Ros und Töchterchen Laura

Dieser Vorfall hatte zur Folge, dass wir unser Konzept änderten. Von jetzt an sollte erst eine mündliche und dann eine schriftliche Verwarnung erteilt werden. Jeder Betroffene musste ein Formular unterschreiben, das besagte, dass wiederholter Drogenkonsum Konsequenzen nach sich ziehen würde. Es schien zu wirken. Die Schüler wussten nun, dass wir ein wachsames Auge auf sie hatten. Zumindest fiel uns in dieser Hinsicht nichts Negatives mehr auf.

Was die Jugendlichen außerhalb des Gebäudes unternahmen, konnten wir natürlich nicht kontrollieren, aber es entzog sich auch mehr oder weniger unserer Verantwortung. Natürlich lebten in Glen Innes nicht nur Drogenabhängige. Allerdings gab es genügend Heranwachsende, die nur sehr wenig Hilfe, Aufmerksamkeit und Zeit von ihren Eltern bekamen. Ein ziemlich trauriger Umstand, da es doch so wichtig ist, jungen Leuten die Change zu geben, neues Wissen zu erlernen und einen besseren Lebensweg einzuschlagen.

Neben diesen Sorgen gab es aber auch viele schöne Erlebnisse. Mittlerweile ging es wieder in großen Schritten auf den Sommer zu. Wie fast jedes Jahr hatten sich Freunde und Familie aus Deutschland angemeldet, die für ein paar Tage bei uns bleiben wollten. Das war immer wieder eine wundervolle Abwechslung für uns.

Meine Brieffreundin Ros aus Australien kündigte sich, ihren Mann Mike und diesmal auch Baby Laura zu Besuch an. Sie wollten uns unbedingt treffen, obwohl sie nur wenig Zeit zur Verfügung hatten, da Mike beruflich in Neuseeland unterwegs war. Also verabredeten wir uns im „Sitting Duck", einem sehr netten Café in der Westhaven Marina, dem Haupthafen von Auckland. Mittlerweile hatten Ros und Mike das Segeln aufgegeben – zumindest beruflich. Stattdessen hatten sie sich ein hübsches Haus in Southport nahe der australischen Goldküste gekauft und Nachwuchs bekommen. An diesem Tag wurde ich zur Patentante von Klein-Laura auserkoren.

Unser Segelboot, die „Soulmate", lag auch noch in der Westhaven Marina. Ab und an hatte Hartmut ein paar Stunden am Wochenende übrig, in denen er daran arbeiten konnte, aber zum Segeln waren wir eigentlich nie gekommen. Dafür fehlte uns im Augenblick einfach die Zeit. Da unser Institut bestens lief, besaßen wir einfach kaum Zeit für andere Dinge. Weihnachten wollten wir uns jedoch nicht nehmen lassen. Das war etwas Besonderes. Die einzige Zeit, die wir als „Urlaub" bezeichnen konnten, waren zwei freie Wochen über Weihnachten und Neujahr. Nicht wirklich genug, um aufzutanken und neue Vorbereitungen zu treffen. Aber es funktionierte! Silvester verbrachten wir beide und unser vierbeinige Mitbewohner Mouse gemütlich zu Hause.

Soulmate

Fünfzehn Urlaubstage sind in Neuseeland üblich. Das ist nicht viel, aber dafür gibt es öfter einmal ein verlängertes Wochenende. Sollte zum Beispiel ein Feiertag auf einen Donnerstag fallen, kommt es vor, dass der Freitag frei ist und man somit ein paar freie Tage am Stück genießen kann.

Das Jahr 2000 brachte neue Kurse, Verbesserungen und neue Mitarbeiter mit sich. So langsam kamen wir an den Punkt, an dem die Tagesklassen von Angestellten übernommen wurden und Hartmut und ich uns immer stärker mit Managementaufgaben und Kursplanungen auseinandersetzen mussten. Mit mehr Beschäftigten änderte sich der gesamte Ablauf. Wir unterrichteten nun jeder nur noch eine Nachtklasse, so dass wir tagsüber den Angestellten und Schülern zur Verfügung stehen konnten. Der Vorteil dieser Regelung war, dass wir so gegen 21:30 Uhr alles für den kommenden Tag herrichten und gemeinsam abschließen konnten.

Mei, die ursprünglich aus Malaysia kam, hatte mittlerweile als Vollzeitkraft bei uns angefangen und war eine große Bereicherung. Sie hatte bereits im Management gearbeitet und war mit den „Assessments" – den Examensarbeiten und -unterlagen – gut vertraut. Außerdem stellte sie sicher, dass die Prüfungsunterlagen immer auf dem neusten Stand gebracht wurden und den Industrie-Richtlinien entsprachen.

Ende März sollte die „Pacifica" im Western-Springs-Park stattfinden. Hierbei handelt es sich um eine Messe, welche jedes Jahr zu einem Riesenereignis avanciert. Alle Institutionen, die mit Ausbildung und Jobs zu tun haben, kann man dort antreffen. Wir waren zum ersten Mal eingeladen und bereiteten unseren Informationsstand sorgfältig vor.

Wir trugen farbenprächtig bedruckte T-Shirts, wie man sie auf den Pazifik-Inseln trägt. Viele unserer Kunden waren ja Insulaner. Früh am Morgen bauten wir unseren Stand auf und verbrachten einen sehr heißen und sonnigen Tag damit, Broschüren zu verteilen, mit Interessenten zu sprechen, neue Schüler einzuschreiben und herauszufinden, was die anderen Aussteller so anzubieten hatten. Die Zeit verging wahnsinnig schnell.

Ein neues Zuhause

Mittlerweile lebten wir schon ein paar Jahre in Glen Innes und hatten schon oft darüber gesprochen, wie es wohl wäre, in einem anderen Stadtteil zu wohnen. Wir wollten gern in eine Gegend ziehen, in der man abends auch einmal spazieren gehen konnte und wo es doch etwas europäischer zuging.

Das bedeutete nicht, dass wir uns hier nicht wohlfühlten. Aber je mehr wir uns eingelebt hatten, umso mehr bekamen wir natürlich auch mit, was um uns herum alles so geschah. Kriminalität gehörte in unserer Gegend zur Tagesordnung und manchmal bekam man das auch hautnah mit. Uns persönlich war zum Glück nie etwas zugestoßen, aber wenn man oft von solchen Vorfällen hört und Zeuge von bestimmten Dingen wird, denkt man häufiger darüber nach. Schließlich wollten wir uns einfach nur sicher fühlen.

Also kontaktierten wir wieder Eunice, unsere Maklerin von damals, und setzten unser Haus auf den Markt. Bei ihr hatten wir ein gutes Gefühl und wussten, dass sie sich Mühe geben würde. Sie organisierte ein paar Besichtigungstermine an den Wochenenden, erhielt aber nicht unbedingt viele Nachfragen. Da wir es mit unserem Umzug nicht sehr eilig hatten, war das nicht schlimm.

Nach ein paar Monaten kamen wir jedoch zu dem Entschluss, unser Zuhause privat zu verkaufen. Somit würden wir schließlich auch die Maklergebühren, üblicherweise vier Prozent des Verkaufspreises, sparen. Also setzten wir eine kleine Anzeige in den *New Zealand Herald*, die größte Tageszeitung Neuseelands. Innerhalb weniger Tage bekamen wir einen Anruf von zwei Herren aus Südafrika, die sich das Haus gern ansehen wollten.

An dem Besichtigungstag regnete es, doch alle Vorbereitungen waren getroffen: der Kaffee duftete, der Kuchen befand sich im Backofen und frische Blumen standen auf dem Tisch.

Verkaufsschild an Lisas und Mikes Haus

Nun konnten unsere potenziellen Käufer kommen. Kurze Zeit später klopfte es auch schon an der Tür. Sie schauten sich im Haus um und stellten ein paar Fragen. Den Garten wollten sie jedoch nicht begutachten – offensichtlich hatten sie schon genug gesehen und schienen das Haus zu mögen. Später wollten sie sich wieder bei uns melden.

Am darauffolgenden Tag lag ein Zettel mit einem schriftlichen Angebot für unser Haus im Briefkasten. Sie wollten unser Haus wirklich kaufen! Wir freuten uns wie wahnsinnig. Nun konnten wir losziehen und uns nach einem neuen Heim umsehen. Wir reichten alle Unterlagen an unsere Notarin weiter, die sich um alles kümmerte und uns auf dem Laufenden hielt.

Unser Haus verkauften wir mit einem weinenden und einem lachenden Auge. Einerseits waren wir traurig, unser erstes eigenes Zuhause in Neuseeland zurück zu lassen. Schade war auch, dass wir Lisa und Mike als unsere Nachbarn verlieren würden. Andererseits freuten wir uns aber auch darauf, so leben zu können, wie wir es von Deutschland her gewohnt waren. Lisa und Mike wollten nun auch nicht mehr in dieser Gegend wohnen bleiben und boten ihr Haus ebenfalls zum Verkauf an. Allerdings mussten sie noch eine Weile warten, bevor sie umziehen konnten.

Die östlichen Stadtteile von Auckland sagten uns besonders zu und an den Wochenenden besichtigten wir Häuser in Howick und Pakuranga. In Neuseeland ist der Immobilienmarkt sehr viel stärker in Bewegung als in Deutschland. Angeblich zieht jeder Durchschnitts-Kiwi alle sechs Jahre um und dementsprechend viele Häuser werden auch zum Verkauf angeboten. Es dauert zwar meistens eine Weile, bis man das Richtige gefunden hat, aber wenn man es sieht, weiß man es sofort. Zumindest ging es uns wieder so. Wir schauten uns beide an und waren uns ohne Worte einig, dass wir *Yarra Place* in Howick von nun an unser Zuhause nennen wollten. Am 8. März 2001 unterzeichneten wir den Vertrag – was für ein tolles Geburtstagsgeschenk für mich – und einen

Monat später, am 6. April, zogen wir schon ein. Als einzige Veränderung wollten wir einen Kamin einbauen, was sich einige Monate später als eine wunderbare Idee entpuppte.

Jetzt wohnten wir in der Nähe des kleinen Stadtteils Howick mit seinen netten Geschäften und Einkaufsstraßen. Auch das neue Einkaufszentrum in Botany Downs lag nicht weit entfernt. In nur fünf Minuten konnten wir mit dem Auto zu verschiedenen Stränden fahren. Zudem gab es viele Spazierwege und unsere Nachbarn waren auch sehr nett. Unser für städtische Verhältnisse relativ großes Grundstück garantierte uns genügend Privatsphäre. Was für ein Unterschied zu Glen Innes! Erst jetzt fielen uns die zahlreichen Unterschiede zwischen den beiden Stadtteilen auf. Dazwischen lagen Welten.

Verkaufsgedanken und ein Einbruch

Am Institut ging es in vollen Zügen voran. Mittlerweile boten wir mehrere A+ Computer Service-Kurse für Techniker an, die auch von einigen Frauen belegt wurden. Wir kümmerten uns um professionelle Weiterbildung für die Angestellten. Gleichzeitig hielten wir immer mehr Vorstellungsgespräche mit den Schülern ab. Zusätzlich galt es, Treffen mit dem Bildungsministerium, Überprüfungen durch die NZQA und vieles mehr zu organisieren. Trotzdem bereitete uns die Arbeit immer noch viel Freude. Sie kostete uns allerdings sehr viel Energie und Kraft. Nach fünf Jahren Selbständigkeit mit über siebzig Stunden pro Woche ertappten wir uns immer öfter dabei, wie wir darüber nachdachten, unsere Schule zu verkaufen und aus Auckland wegzuziehen. Hätte uns jemand die Möglichkeit geboten, für ein halbes Jahr aufzutanken, neue Kurse zu gestalten und alles mit frischem Elan in Angriff nehmen zu können, wäre uns diese Überlegung mit Sicherheit nicht gekommen. Wir liebten unsere Arbeit und alles, was dazugehörte, waren jedoch völlig ausgelaugt.

Als wir dann wieder einmal bei John, unserem pensionierten Steuerberater, zu Besuch waren und auch unsere geheimen Pläne mit ihm besprachen, empfahl er uns einen anerkannten Makler, der in dieser Sparte spezialisiert war und uns mit Sicherheit weiterhelfen konnte. Ende Februar 2002 griffen wir schließlich zum Telefonhörer, um einen Termin für ein Informationsgespräch zu vereinbaren.

Es war ein heißer Sommertag, als wir nach *Downtown* Auckland fuhren. Hundertprozentig sicher waren wir uns natürlich nicht, ob wir das Richtige taten, aber wir mussten uns ja nicht sofort entscheiden. Grant war ein sehr netter, älterer Herr, der uns in seinem kleinen, freundlich eingerichteten Büro gegenüber saß und gezielte Fragen stellte. Nach etwa einer Stunde wusste er genug über unser Geschäft Bescheid, um uns bestätigen zu können, dass es nicht schwierig sein dürfte, es mit einem guten Gewinn verkaufen zu können. Bei dieser Information beließen wir es erst einmal und verabschiedeten uns von ihm.

Als wir wieder draußen in der sommerlichen Hitze auf dem Bürgersteig standen, entschieden wir uns, erst einmal einen Kaffee trinken zu gehen, um unsere Gedanken zu ordnen. Nachdem wir gehört hatten, dass wir unsere Schule tatsächlich verkaufen konnten, war die Idee auf einmal beängstigend. Noch dazu, da es ziemlich schnell gehen könnte. Uns wurde klar, dass wir für diesen endgültigen Schritt noch nicht bereit waren – und fuhren wieder zurück zur Arbeit, um pünktlich mit unseren Abendklassen zu beginnen.

Weiter ging es im täglichen Rhythmus gen Ostern. Über die Feiertage hatten wir das Institut zwar geschlossen, schauten aber dennoch zwischendurch im Büro vorbei, so auch am Samstagmorgen. Als wir die Treppe hoch kamen, beschlich uns das Gefühl, dass etwas nicht stimmte und dann sahen wir auch schon die Bescherung. Wir hatten im Flur eine *Snackbox* aufgestellt und die Schüler konnten $ 1 in ein Schüsselchen legen und sich dafür einen Schokoriegel oder ein paar Chips nehmen. Alles lag auf dem Teppich verstreut. Jemand hatte eingebrochen!

Es war nur sehr merkwürdig, dass der Alarm nicht ausgelöst worden und die Sicherheits-Firma nicht vorbeigekommen war. Nachdem wir uns – mit einem flauen Gefühl im Magen – genauer umgesehen hatten, entdeckten wir, wie der oder die Einbrecher sich den Zugang in das Gebäude verschafft haben mussten. Sie waren nicht durch die Hintertür hereingekommen, sondern hatten ein Loch in die Wand daneben geschlagen. Wir vermuteten, dass es sich bei dem Einbrecher um eine kleine Person handelte, die sich ziemlich dicht am Fußboden entlang gehangelt haben muss, da sie von den im Raum installierten Sensoren nicht erfasst worden war.

Der Verlust war nicht gravierend, da wir außer den wenigen Münzen von der *Snackbox* kein Bargeld im Gebäude aufbewahrten. Außerdem hätten die Eindringlinge nicht aufrecht mit größeren Gegenständen in den Händen das Gebäude verlassen können, ohne von den Sensoren bemerkt zu werden. Hartmuts Kamera fehlte jedoch. Doch es hätte auch schlimmer kommen können. Ärgerlich war vielmehr, dass sie Löcher von Raum zu Raum in die Zwischenwände geschlagen hatten und dadurch größere Reparaturarbeiten notwendig wurden. Wir waren mittlerweile der festen Überzeugung, dass es jemand gewesen sein musste, der sich im Gebäude gut auskannte.

Als wir die Polizei anriefen, teilten sie uns mit, dass sie es nicht mehr schaffen würden, noch am gleichen Tag vorbeizukommen, da sie noch genau sechsundzwanzig Einbrüche in Glen Innes und Umgebung bearbeiten müssten. Wir sollten jemanden holen, der uns das Loch in der Außenwand provisorisch zunageln könne. Sie würden mit ihrer Untersuchung beginnen, sobald alle anderen Fälle der Reihe nach aufgenommen seien.

Natürlich waren wir nicht besonders glücklich über diese Antwort. Es war einfach schrecklich, zu wissen, dass jemand eingebrochen hatte und es jederzeit wieder geschehen könnte. Doch in diesem Augenblick gab es nichts mehr, was wir noch hätten tun können. Die Wand wurde notdürftig repariert, der Alarm neu gesetzt und natürlich hofften wir, dass die Täter nicht zurückkommen würden.

Am Dienstag nach Ostern kam endlich die Polizei und suchte alles nach Fingerabdrücken ab. Leider fanden sie nichts und hatten auch keine Vermutung, wer der Täter gewesen sein könnte. Also ließen wir durch unseren Sicherheitsdienst *Matrix Security* noch zusätzliche Sensoren anbringen, die uns ein wenig mehr inneren Frieden gaben und langsam kehrte wieder der Alltag ein.

Der erste Heimflug nach sechs Jahren

Wie gern wären wir wieder einmal nach Deutschland geflogen. Doch während der ersten Jahre hier konnten wir uns einen Besuch in der Heimat auf keinen Fall erlauben. Außerdem waren wir viel zu sehr damit beschäftigt, uns einzuleben, voranzukommen und uns ein Standbein aufzubauen.

Als wir 1996 Deutschland hinter uns ließen, wollten wir zunächst eigentlich nur einmal sehen, wie ein Leben in Neuseeland aussehen würde und was das Land uns zu bieten hätte. Und nun waren Jahre vergangen, bevor wir unsere Familien und Freunde wieder zu Hause besuchen konnten. Aber zumindest sollten wir diese Möglichkeit jetzt bekommen.

Im vorangegangen Jahr war ich bereits für drei Wochen allein nach Deutschland geflogen. Während ich fort war, hatten Kelly, unsere Rezeptionistin, und Hartmut im Institut alles gut im Griff. Solange einer von uns beiden anwesend war, ging alles in Ordnung.

In der alten Heimat erwarten viele Freunde und Bekannte natürlich, dass man sie auf jeden Fall besuchen wird. Ganz so einfach ist es leider nicht. Die Zeit reicht einfach nicht aus, um alle Freunde und Verwandte zu besuchen. Leider verlor ich dadurch eine gute Bekannte, die dachte, dass sie mir nicht wichtig genug wäre, was mir sehr leid tat. Ich glaube, fast jeder, der in ein anderes Land auswandert und seine Heimat besucht, wird einmal mit dieser Situation konfrontiert.

Im Gegensatz zu mir hatte Hartmut seine Familie schon seit über sechs Jahren nicht mehr gesehen. Nun beabsichtigten wir, Deutschland gemeinsam einen Besuch abzustatten. Wir hatten neue Pässe beantragen müssen, da unsere mittlerweile abgelaufen waren. Gleichzeitig mussten wir die endgültige Aufenthaltserlaubnis, die *Permanent Residence*, von der Immigrationsbehörde wieder im Pass ergänzen lassen.

In der Zwischenzeit hatten wir beide schon die zweite

Einladung vom Hohen Gericht in Auckland erhalten, um als Geschworene an einem Gerichtsverfahren teilzunehmen. Da wir selbständig und somit nicht abkömmlich waren, setzten wir ein Schreiben auf, welches uns von diesen Pflichten entbinden sollte. Die Freistellung vom sogenannten *Jury Service* wurde uns nach ein paar Wochen genehmigt, worüber wir sehr erleichtert waren, denn das Ganze hätte uns einen Strich durch unseren geplanten Deutschlandbesuch machen können.

Da Mei unser vollstes Vertrauen genoss und die anderen neun Angestellten sie nicht nur respektierten sondern auch gern mit ihr zusammen arbeiteten, sollte sie uns während unserer Abwesenheit vertreten. Unser Flug war für den 13. Juni gebucht, doch vorher waren noch einige Vorbereitungen zu treffen.

Zu unserer Beruhigung zog Mei zu uns nach Howick, um auf das Haus und unsere Mouse aufzupassen. Wir telefonierten in regelmäßigen Abständen miteinander und sie sandte uns alle wichtigen Informationen und Berichte per Email zu, damit wir über alles Bescheid wussten.

Nach einer rundherum sehr schönen und wertvollen Zeit mit unseren Familien und Freunden in Deutschland landeten wir am 3. Juli 2002 wieder heil auf dem Flughafen in Auckland. Wir stellten uns die Frage, ob wir froh waren, wieder in Neuseeland zu sein und antworteten beide mit „ja". Allerdings nahmen wir uns fest vor, von nun an regelmäßig nach Hause zu fliegen – falls unsere finanziellen Mittel dies erlaubten.

Ein Taxi brachte uns früh am Morgen zurück nach Hause, wo sich Mei gerade für die Arbeit fertig machte. Sie bereitete uns einen herzlichen Empfang und unser Vierbeiner Mouse schien auch sehr glücklich über unsere Heimkehr zu sein. Bei einem deftigen Frühstück erzählte uns Mei, was alles während unserer Abwesenheit im Institut vorgefallen war. Dann fuhr sie los und wir schliefen erst einmal ein paar Stunden. Später sahen wir, dass Mei sich wunderbar um alles gekümmert hatte. Selbst das Mittagessen, eine chinesische

Hühnersuppe, stand schon auf dem Herd. War das nicht lieb?

Im Institut erwarteten uns leider schlechte Neuigkeiten. Es war wieder eingebrochen worden, was uns Mei schon berichtet hatte. Außerdem wollte Kelly uns verlassen. Sie hoffte, vom Sozialamt eine Ausbildung zur Grundschullehrerin genehmigt zu bekommen. Dann würde sie nämlich auch die Sozialhilfe für alleinerziehende Elternteile erhalten.

Die Entscheidung schien ihr nicht leicht gefallen zu sein und wir versuchten sie mit verschiedenen Optionen umzustimmen. Doch ihr Entschluss stand fest, was wir schweren Herzens akzeptieren mussten. Und wir konnten ihre Entscheidung ja auch nachvollziehen – mit dieser Ausbildung wäre ihre Zukunft gesichert, worüber wir uns natürlich sehr freuten.

Die endgültige Entscheidung

Am 13. Juli vereinbarten wir einen neuen Termin mit Grant, dem *Business*-Makler in *Downtown*. Diesmal nahmen wir alle finanziellen Unterlagen mit, um Nägel mit Köpfen zu machen. Die Entscheidung war gefallen – wir wollten die Firma zum Verkauf anbieten. Das Schwierigste für uns war, dass keiner der Angestellten davon etwas erfahren durfte.

Alles lief weiter wie bisher. In der Zwischenzeit wurde Zohra von Kelly angelernt. Wir benötigten dringend jemanden, der die neuen Schüler aufnahm und sich um alle anderen Büroarbeiten kümmerte.

An einem späten Samstagnachmittag Mitte August hatten wir den ersten Termin mit Interessenten, die sich die Firma ansehen wollten. Grant, sechs Inder und wir beide saßen beisammen, um den Verkauf zu besprechen und alle aufkommenden Fragen zu beantworten. Nach circa zwei Stunden verabschiedeten sich die potenziellen Käufer wieder. Grant blieb noch eine Weile, bevor er sich auch auf den Weg machte.

Etwa eine Woche später meldete sich Grant mit einem neuen potentiellen Käufer an. Diesmal handelte es sich um einen Investor, dem mehrere *Resorts* auf den Cook-Inseln gehörten. Die finanzielle Seite schien überhaupt kein Problem für ihn zu sein, aber da er keinerlei Erfahrungen im Unterrichten und in der Erwachsenenausbildung aufweisen konnte, wurde er wieder von unserer Liste gestrichen. Es reichte nicht aus, nur den geforderten Preis zu zahlen. Die *NZQA* und das Bildungsministerium würden die neuen Besitzer genauestens überprüfen und dem Verkauf nur dann zustimmen, wenn alle Voraussetzungen erfüllt waren.

Mit der Auswahl unserer neuen Rezeptionistin Zohra schienen wir diesmal nicht ins Schwarze getroffen zu haben. Sie spielte Karten, ließ Kunden warten, ging regelmäßig zum

Rauchen nach draußen und vieles mehr. Selbständigkeit bedeutet oft auch, mit Angestellten unangenehme Dinge zu besprechen und zu versuchen, Probleme auf eine positive Art und Weise zu lösen. So etwas will gelernt sein.

Zohra bekam nach der Darlegung der Fakten eine mündliche Verwarnung, was sie nicht im Geringsten zu berühren schien – eine Reaktion, mit der ich überhaupt nicht gerechnet hatte. Nicht erledigte Arbeiten und zu lange Pausen gehörten weiterhin zur Tagesordnung. Nach einer schriftlichen Verwarnung und einem ausführlichen Gespräch beschlossen wir, uns von ihr zu trennen und setzen wieder eine Anzeige in die Zeitung.

Mit unseren sechs interessierten Käufern aus Indien blieben wir weiterhin in Kontakt. Es lief weiterhin alles völlig vertraulich ab. Wir konnten es kaum glauben, aber sie hatten ein gutes schriftliches Angebot abgegeben, welchem wir nach einigen Besprechungen zustimmten.

Nun war es geschehen. Unsere Schule wurde offiziell verkauft. Zwar mussten noch einige Konditionen erfüllt werden, aber abgesehen davon war es ein gutes Geschäft. Nach sechs Jahren, in denen wir von Null auf Hundert durchgestartet hatten, sollten wir nun bald wieder in die „Arbeitslosigkeit" zurückkehren. Allerdings nicht unbedingt im negativen Sinne.

Das finanzielle Sagen besaß ein Inder, der kein Englisch sprach. Seine beiden Geschäftsführer, welche hohe Qualifikationen aufwiesen, wurden mit der Leitung der Schule betraut, er dagegen agierte im Hintergrund.

Wieder einmal ging ein Jahr zu Ende, das uns viele Erfahrungen, Ereignisse und wichtige Zukunftsentscheidungen gebracht hatte. Anfang 2003 weihten wir die Angestellten in unsere Pläne ein. Wir vereinbarten individuelle Termine und besprachen mit jedem ausführlich alle Einzelheiten. Natürlich fiel uns das Ganze nicht leicht, aber jetzt waren wir so weit vorangeschritten, dass es kein Zurück mehr gab. Und das wollten wir ja auch gar nicht.

Gruppenfoto am
Übernahmetag

Wir bestanden darauf, im Vertrag schriftlich festzuhalten, dass jeder einzelne Mitarbeiter übernommen und ihre Arbeitsplätze für die Zukunft gesichert werden sollten. Zu unserer Erleichterung erklärten sich die Käufer mit dieser Regelung einverstanden.

Als unsere Angestellten von dem für sie überraschend kommenden Wechsel des Managements hörten, reagierten alle sehr betroffen. Aber nachdem sie sich so langsam an den Gedanken, dass wir bald nicht mehr da sein würden, gewöhnt hatten, überschütteten sie uns mit wirklich lieb gemeinten Kommentaren, wie zum Beispiel: „Falls Ihr im Norden wieder eine Schule eröffnet, sagt Bescheid – ich bin dabei!", „Ich hatte schon so viele Arbeitgeber, aber Ihr wart die fairsten" oder „Bei Euch hat das Arbeiten sogar Spaß gemacht!"

Kurz und gut – am 14. Januar 2003 übernahmen die Inder das IT Training Institute. Durch den Vertrag waren wir jedoch verpflichtet, die neuen Eigentümer über die nächsten Monate einzuarbeiten. Das bedeutete, dass wir noch täglich anwesend sein mussten, aber über keinerlei Entscheidungskraft mehr verfügten. Diese Zeit verlief manchmal nicht unproblematisch, denn der tägliche Ablauf lief von nun an so viel anders als unter unserer Leitung ab.

Sollten wir jemals wieder ein solches Unternehmen aufbauen wollen, durfte es nicht in den nächsten drei Jahren im Umkreis von 30 Kilometern von ITTI geschehen. Auch diese Bedingung wurde in den Vertrag mit reingenommen, um direkte Konkurrenz zu vermeiden.

So langsam gewannen wir von alledem etwas Abstand. Zum ersten Mal seit Jahren hatten wir die Abende frei – ganz für uns – und konnten unser Zuhause genießen. Zwischendurch kamen immer wieder einmal Besucher aus Deutschland, für die wir nun endlich auch ein wenig mehr Zeit besaßen.

Unser Segelboot, die „Soulmate", bekam ein riesiges „For Sale"-Schild an die Wanten. Die Westhaven Marina war der bekannteste und größte Hafen Aucklands, wo sich viele Leute nach Booten umsahen und deshalb dauerte es auch nicht lange, bis wir unsere erste Nachfrage erhielten. Wir trafen uns mit dem Interessenten, der sich die „Soulmate" ansah, und kurz darauf konnten wir bereits den Kaufvertrag aufsetzen.

Aus Zeitmangel waren wir leider nur sehr selten segeln gegangen, aber Hartmut hatte einiges an Reparaturarbeiten und Verbesserungen hineingesteckt, die sich im Endeffekt bezahlt machten. Nun hieß es von unserem ersten Segelboot Abschied nehmen – keine leichte Aufgabe, war uns die „Soulmate" doch ein bisschen ans Herz gewachsen.

Flipside

Das sollte wiederum nicht heißen, dass wir das Segeln völlig aufgeben wollten. Im Gegenteil! Hartmuts große Leidenschaft ist das Segeln und ich liebe es auch sehr – allerdings mehr bei schönem Wetter. Da wir nun alle Zeit der Welt hatten, spannen wir alle möglichen Träume und Zukunftspläne.

Bereits nach ein paar Wochen fanden wir dann das geeignete Boot für uns. Wir waren schon oft daran vorbeigefahren. Es lag seit Monaten einsam und verlassen an einem Ankerplatz in der *Half Moon Bay*. Als wir ein großes Verkaufsschild sahen, kontaktierten wir sofort den Eigner und brachten somit alles ins Rollen.

Harry, der Besitzer, liebte sein Boot über alles, musste aber aus gesundheitlichen Gründen das Segeln aufgeben. Die „Flipside" war eine 29-Fuß-Whiting und befand sich noch gut in Schuss – nur eben etwas vernachlässigt, aber das konnte man ja ändern. Der Hafen-Makler besorgte uns einen registrierten ehemaligen Bootsbauer – 80 Jahre alt und fit –, der jeden Teil des Bootes untersuchte, um festzustellen, ob es sicher genug war, damit in See zu stechen.

Wieder wurde ein Vertrag unterschrieben. Harry segelte noch ein Stückchen mit uns durch den Hauraki Golf, um uns mit der Verhaltensweise des Bootes vertraut zu machen. Die *Half Moon Bay* lag nur etwa zehn Minuten Fahrt von unserem Zuhause entfernt. Von nun an verbrachte Hartmut relativ viel Zeit an Bord, um alles nach unseren Vorstellungen herzurichten und um natürlich viele Segelfahrten zu unternehmen.

Haussuche

Ein weiteres Ziel für uns war, aus Auckland wegzugehen und aufs Land zu ziehen – am liebsten in den Norden. Darüber hatten wir schon oft nachgedacht: keine sichtbaren Nachbarn, kein Verkehr und vielleicht ein oder zwei Acker Land. Das wäre schön!

Gabi – eine liebe Bekannte aus München – verbrachte ihren Urlaub für ein paar Wochen bei uns und war gern bereit, auf das Haus und unseren Vierbeiner in Auckland aufzupassen, während wir gen Norden nach Whangarei fuhren, um den Häusermarkt unter die Lupe zu nehmen. Übernachten wollten wir auf einem Campingplatz – wie auf unserer ersten Neuseeland-Rundreise.

Wir hatten schon via Email zu einem der ansässigen Makler Kontakt aufgenommen. Er wollte uns am nächsten Morgen von unserer „Unterkunft" abholen, um uns einige Häuser zu zeigen. Leider fanden wir in diesen Tagen nichts, was uns beiden wirklich gefallen hätte. Doch zumindest hatten wir wieder einmal mit unserem Agenten Glück: Colin war sehr nett und offen und es machte viel Spaß, mit ihm die Gegend zu erkunden. Er wollte sich weiter nach einem neuen Heim für uns umschauen und wir planten, am darauf folgenden Wochenende noch mal nach Whangarei zu fahren.

Mit unserer Digitalkamera hatten wir hunderte von Fotos geschossen, die wir uns in aller Ruhe noch einmal ansehen konnten. Schnell war die Woche um – und wieder saßen wir im Auto auf dem Weg nach Whangarei. Es war eine fast dreistündige Fahrt von Auckland aus, die durch Gebirgsketten verlief.

Das erste Haus, das Colin uns zeigte, gefiel uns sehr gut und eigentlich hätten wir am liebsten sofort zugesagt. Aber er wollte uns unbedingt erst alle anderen Immobilien auf seiner Liste zeigen. Am späten Nachmittag fuhren wir dann noch einmal zu unserem Favoriten zurück, um es uns ein zweites

Mal anzusehen. Eine kluge Entscheidung! Als wir dort ankamen, lagen das Haus und der Garten nämlich im Schatten, alles fühlte sich kühl und feucht an und überhaupt nicht mehr so einladend wie am frühen Morgen im Sonnenschein. Worauf man alles achten musste!

Ein neues Zuhause zu finden, kann ziemlich anstrengend sein. Vor allem wenn man den ganzen Tag mit nichts anderem verbringt. Doch wir waren uns sicher, dass unser „Traumhaus" irgendwo auf uns wartete. Wir mussten es nur noch finden.

Aussicht von der Going Road

Immerhin wussten wir jetzt, dass uns eine schöne Lage und viel Sonnenschein wichtig waren. Es war Karfreitag und mittlerweile Nachmittag geworden. Wir holten uns die neueste Ausgabe der Immobilienzeitung *Property Guide*, tranken mit Colin einen Kaffee und wählten die letzten zwei Häuser aus, die wir uns an diesem Tag noch ansehen wollten. Da uns Whangarei und die Umgebung überhaupt nicht vertraut waren, konnten wir nur hoffen, dass unser Agent uns in eine gute Gegend führen würde. Aber wir vertrauten ihm total.

In Neuseeland zieht man prinzipiell die Schuhe aus, bevor man ein Haus betritt. Als wir das letzte Haus für diesen Tag betraten, wussten wir beide auf Anhieb, dass wir das Richtige gefunden hatten. Es lag von morgens bis spät abends in der Sonne und circa 200 Meter über dem Meeresspiegel – von fast jedem Zimmer aus konnte man eine atemberaubende Aussicht genießen. Außerdem umgaben zwei Acker Land das Haus – wie wir es uns gewünscht hatten.

In Neuseeland gehen Hauskäufe folgendermaßen vonstatten: der Verkäufer setzt einen Verkaufspreis bei dem Maklerbüro fest, von dem das Gebäude dann regelmäßig annonciert wird. Sobald sich ein Interessent findet, gibt dieser ein Angebot, das meist niedriger als der geforderte Betrag ist, ab. Von diesem Zeitpunkt an pendelt der Makler zwischen Käufer und Verkäufer hin und her, bis beide Parteien sich auf einen endgültigen Preis geeinigt haben.

Wir wollten sofort ein Angebot zu Papier bringen. Aber bei dem Glück, das wir bisher bei der Häusersuche hatten, interessierte sich nun plötzlich noch eine andere Partei für unser Traumhaus. Aus diesem Grund gaben wir, ebenso wie unsere Mitbieter, unser bestes, also, höchstes Angebot ab.

Bieten mehrere potenzielle Käufer auf ein Haus, nennt man das *multiple offer*. In diesem Fall finden keinerlei Verhandlungen statt – es gibt nur ein „ja" oder „nein" des Verkäufers. Für diesen war die Situation natürlich mehr als vorteilhaft – für uns weniger.

Da wir uns wirklich in das Fleckchen Erde verliebt hatten, setzten wir den vollen Verkaufspreis als unser Angebot ein. Dann hieß es abwarten, bis der Makler das zweite Angebot auf dem Papier hatte, beide Verträge dem Verkäufer vorgelegt wurden und dieser sich für einen Vertrag entschieden hatte. Es war nervenaufreibend. Zwei Stunden mussten wir in Ungewissheit verbringen, bevor wir zurück ins Büro gebeten wurden.

Das Ergebnis konnten wir kaum fassen. Der Verkäufer hatte sich tatsächlich für uns entschieden! Unser Glück war, dass die anderen Interessenten erst noch ihr altes Haus verkaufen mussten, wir als *Cash buyer* aber keinerlei Konditionen stellten. Wir waren somit gerade stolze Hausbesitzer in Whangarei geworden. Voller Freude begaben wir uns wieder zurück auf den Weg nach Auckland, um Gabi von unserem Erfolg zu berichten. Sie freute sich unheimlich mit uns. Nun konnte der Umzug, der Mitte Mai stattfinden sollte, geplant werden.

Am darauffolgenden Wochenende fuhren wir wieder nach Whangarei, um uns das Haus noch einmal genauer und ohne den Makler anzusehen. Es lag circa zwanzig Minuten mit dem Auto vom Stadtkern entfernt. In der Umgebung gab es fünf Nachbarn, die irgendwo versteckt wohnten.

Der aktuelle Eigentümer begrüßte uns herzlich und erläuterte uns, wie alles funktionierte. Zum Beispiel erklärte er uns die Wasserpumpe. Von nun an würden wir nicht mehr an das städtische Wassersystem angeschlossen sein, sondern das Regenwasser vom Dach nutzen. Er ging mit uns auch die

Baupläne durch und zeigte uns, wo sich die Klärgrube für die Abwässer befand. Nach all seinen Einführungen und Erläuterungen waren wir immer noch sehr glücklich mit unserer Entscheidung. Das hätte ja auch anders sein können.

Wieder in Auckland angekommen, richteten wir das Haus im *Yarra Place* soweit her, dass wir es vermieten konnten. Kleinere Reparaturarbeiten standen an, aber ansonsten sollte eine Vermietung kein Problem darstellen. Da wir nun ein paar Stunden Fahrt von Auckland entfernt wohnen würden, gaben wir alles, was die Vermietung betraf, an einen ortsansässigen Makler weiter. So brauchten wir uns keine Gedanken zu machen, falls wir einmal außer Landes sein würden.

Nach kurzer Zeit meldeten sich bereits mehrere Mietinteressenten bei uns und wir entschieden uns für ein junges Paar mit einer zwölfjährigen Tochter, das erst kürzlich von Südafrika nach Neuseeland immigriert war. Ende Mai wollten wir ihnen das Haus überlassen.

Da unser Umzug immer näher rückte, mussten wir uns nach einem günstigeren Liegeplatz für unser Boot umsehen. Die *Westpark Marina* – im Westen von Auckland – bot die billigsten Liegeplätze an und so segelten wir von der östlich gelegenen *Half Moon Bay* dorthin. Wir wollten die Flipside so lange dort liegen lassen, bis wir sie nach Whangarei nachholen konnten.

Der Umzug nach Whangarei

Ein Tag vor dem großen Umzug schauten Lisa und Mike, unsere ehemaligen Nachbarn aus Glen Innes, noch vorbei, um sich von uns zu verabschieden. Mittlerweile hatten auch sie ihr Haus verkauft und würden bald in Hamilton leben. Sie zogen also weiter in den Süden – Hamilton liegt etwa eine Stunde von Auckland entfernt – und wir gen Norden. Schade, dass wir uns nicht alle für die gleiche Richtung entschieden hatten. Aber so kommt es wohl manchmal im Leben. Wir waren uns jedoch sicher, dass wir uns wiedersehen würden.

Am 21. Mai gegen 8:30 Uhr morgens kam der „AA Auckland Carrier's"-Umzugswagen im *Yarra Place* vor die Tür gefahren. Es war ein trüber Tag und es sah nach viel Regen aus. Nach ein paar Stunden war das Haus leer geräumt und der Möbelwagen begab sich auf die Reise.

Wir klopften schnell noch einmal an die Tür unserer Nachbarn, um uns eine letzte liebe Umarmung abzuholen, dann suchten wir unseren Vierbeiner Mouse. Als sie nach längerem Rufen immer noch nicht kam, entdeckten wir sie auf dem Dach. Nachdem wir sie wieder runtergeholt hatten, waren wir drei auch soweit, „Auf Wiedersehen" zu sagen. Es ging uns doch ziemlich unter die Haut, einen Ort zu verlassen, an dem wir viele glückliche Jahre verbracht hatten.

Ein tröstender Gedanke war, dass wir jederzeit wieder zurückkehren konnten, falls es uns im Norden nicht gefallen würde – und natürlich war es auch aufregend, an einem neuen Ort noch einmal ganz von vorn anzufangen. Wieder würden wir niemanden kennen und wieder mussten wir die Umgebung erst erkunden. Aber mittlerweile besaßen wir darin ja schon ein bisschen Übung.

Als unser LKW gegen 14:30 Uhr in der Going Road ankam, regnete es immer noch in Strömen – nicht gerade das ideale Umzugswetter. Leider war der Wendeplatz viel zu klein und der LKW zu groß, so dass er nicht vor unserer Haustür parken konnte und wir unser Hab und Gut über den Rasen und die Terrasse durch das Wohnzimmer befördern mussten. Der Fahrer, Hartmut und ich wussten, was wir geleistet hatten, als wir so gegen 17:30 Uhr das letzte Möbelstück im Haus abstellten.

Mouse, unsere Katze, wartete derweil immer noch im Auto. Wir ließen sie erst in das neue Haus, nachdem der Umzugswagen wieder abgefahren war. Sie war überglücklich und hatte die Fahrt prima überstanden. Wir waren bei ihr und es gab Futter. Was wollte sie mehr?

Mittlerweile war es dunkel geworden und es regnete immer noch so stark, dass wir sogar lauter miteinander sprechen mussten, um uns verständigen zu können. Wir saßen auf der Couch und waren furchtbar müde, zugleich aber auch sehr glücklich. Nach circa einer Stunde fielen wir dann vor Erschöpfung ins Bett.

Mitten in der Nacht riss uns ein schriller, sirenenartiger Ton aus dem Schlaf. Hartmut hatte den Lichtschalter neben seinem Bett benutzen wollen, der offensichtlich keiner war. Es handelte sich vielmehr um einen sogenannten „Panik-Knopf", der die Alarmanlage aktiviert hatte. Niemand hatte uns über die Funktion dieses kleinen und doch so wichtigen Knöpfchens informiert. Wir rannten beide wie verloren im Haus umher und versuchten, uns an den Code zu erinnern. Dieses Geräusch war einfach nur unheimlich laut. Jetzt waren wir wach – das stand fest. Willkommen in der Going Road!

Nach ein paar Tagen konnte man schon durch einige Zimmer gehen, ohne über Kisten steigen zu müssen. Plötzlich klopfte es an der Tür. Peter und Shonagh stellten sich als unsere Nachbarn vor. Sie hatten einen Teller mit Muffins und eine Anhänger-Ladung Brennholz mit dabei. Sie nahmen an, dass wir bestimmt noch nicht dazu gekommen wären, uns welches für den Winter zu besorgen. Diese nette Geste verschlug uns glatt die Sprache. Wo gibt es denn noch so etwas?

Die beiden blieben auf einen Kaffee und verabschiedeten

Pause mit den Nachbarn
nach dem Baumfällen

sich dann wieder. Ein gutes Gefühl überkam uns. Wir fühlten uns wohl hier. Zwei Tage später klopfte es wieder an der Tür. Peter, der Farmer aus der Nachbarschaft, fragte uns, ob er seine Kühe weiterhin auf der Wiese unterhalb unseres Hauses grasen lassen könne. Natürlich! So brauchten wir die Wiese nicht mähen. Außerdem freuten wir uns über seinen Besuch. Auch wir unterhielten uns noch ein wenig ausführlicher bei einer Tasse Kaffee, bevor er wieder nach Hause fuhr.

Als wir eines Tages von der Stadt zurück kamen, standen die Kühe auf der Weide und eine große Tüte mit frischen Steaks lag vor unserer Haustür. Was für eine Überraschung! Das war eine völlig andere Art und Weise, „Dankeschön" zu sagen, als wir es gewohnt waren. Aber wir fanden es sehr schön.

Um unsere Post zu holen, mussten wir einen längeren Spaziergang machen, da sich der Briefkasten an der Going Road befand und das Haus wesentlich weiter zurück versetzt war. Es lag etwas versteckt. Nachts war es so ungewöhnlich still. Man hörte weder Autos noch Stimmen, nur ab und an einen Käuzchenruf. Etwas wirklich unbeschreiblich Schönes war der klare Sternenhimmel! Ich hatte noch nie so viele so herrlich vor sich hinfunkelnde Sterne gesehen. Hier gab es eben keine störenden Lichter in der Umgebung.

Nach ein paar Wochen zogen wir los und besorgten uns Palmen und Bananenpflanzen für das Grundstück. Wenn wir schon im tropischen Norden wohnten, so wollten wir auch tropische Pflanzen um uns herum wachsen sehen. Dies schien ein typisch europäisches Verhalten zu sein, wie wir später herausfanden.

Whangarei ist überhaupt kein Vergleich zu Auckland. Es besitzt nur etwa 70.000 Einwohner, von denen viele auf dem Land, am Meer und im Busch verstreut wohnen. Der Hafen, das sogenannte *Town Basin*, ist unter Seglern weltbekannt. Er befindet sich inmitten der Stadt, was ein Vorteil für diejenigen ist, die mit dem Boot in Neuseeland ankommen. Einkaufen, ohne dass man ein Auto dafür benötigt? Das findet man nicht oft in Neuseeland.

Auch Michael und Edith kamen mit ihrer „Joeke" – einem 35-Fuß-Boot, registriert in Frankfurt am Main – im Hafen von Whangarei an. Wir kannten die beiden schon aus Auckland. Zwischen uns hatte sich über die Jahre eine tiefe Freundschaft entwickelt. Sie hatten Deutschland 1999 verlassen und sich vorgenommen, um die Welt zu segeln. Hier angekommen, verbrachten sie einige Sommer in Neuseeland und die Wintermonate in Samoa, Tonga oder auf einer der anderen nahe gelegenen Inseln.

Wilde Truthähne zu Besuch

Im Town Basin befand sich auch die „Mokaba", die wir als Kaffeeliebhaber schon in unseren ersten Tagen in Whangarei entdeckt hatten. Angie, die Besitzerin, kam ursprünglich aus Ingelheim und hatte sich gerade in diesem Jahr mit dem Café selbständig gemacht. Sie war eine lustige und offenherzige Frau, die wir vom ersten Moment an ins Herz geschlossen hatten. In der Mokaba traf man Menschen aus aller Herren Länder und fühlte sich immer willkommen.

In der Zwischenzeit hatten wir auch die Flipside von der *Westpark Marina* in Auckland nach Whangarei geholt und einen ziemlich günstigen Liegeplatz im Hafen bekommen. Nun war all unser Hab und Gut im Norden der Nordinsel angekommen.

Neue Projekte

Unser Lebensablauf hatte sich gravierend geändert. Wir genossen erst einmal in vollen Zügen, von einem Tag zum anderen planen zu können. Unser „Problem" war nur, dass wir beide nicht der Typ Mensch sind, der einfach nichts tut. So schmiedeten wir bald wieder fleißig Pläne und nahmen neue Projekte in Angriff.

Hartmut begann mit dem langwierigen Prozess, alle Dokumente vorzubereiten, die wir brauchen würden, um hier im Norden wieder eine Schule zu eröffnen. Wir wussten noch nicht genau wann, aber wir wollten vorbereitet sein, falls sich die Möglichkeit ergab.

Mich wiederum reizte es schon seit langem, in einen für mich völlig neuen Arbeitsbereich einzusteigen. Nach einer verhältnismäßig kurzen Schulung besaß ich die Lizenz, Häuser zu verkaufen. Ich bekam einen Job als Verkaufs- und Marketing-Consultant bei einer ortsansässigen Immobilienfirma. Dort waren etwa 25 Angestellte tätig. Zu den erforderten Kenntnissen gehörten Verträge aufsetzen und für die Kunden die passenden Immobilien zu finden. Dabei musste vor allem der Service stimmen. Ich persönlich liebe es ja, mit Menschen zusammen zu arbeiten, die Umgebung kennen zu lernen und dabei mit dem Hausverkauf auch noch Geld zu verdienen.

Das alles war neu und interessant, vor allem da der Häusermarkt boomte. Wie bereits erwähnt, ziehen die Kiwis sehr oft in ihrem Leben um, etwa alle sechs Jahre. Somit war immer genügend Arbeit vorhanden. Allerdings schlief die Konkurrenz nicht. Mit den Worten „Vertrauen" oder „miteinander arbeiten" musste man vorsichtig umgehen.

Ein großer Vorteil dieses Jobs war natürlich, dass man sich die Zeit frei einteilen konnte. Ich arbeitete von nun an mehr von zu Hause aus und schickte meine Anzeigen und alle nötigen Unterlagen per Email ins Büro. Der einzige Tag, an dem ich anwesend sein „musste", war der Dienstag – zum wöchentlichen *Meeting*.

Meine Arbeit fand größtenteils an den Wochenenden statt, weil dann die Häuser, die ich betreute, zur Besichtigung zugänglich waren. Oftmals gelang es mir auch, am Wochenende die meisten Grundstücke zu verkaufen. Ich lernte sehr interessante Leute kennen, wobei ich hauptsächlich mit Privatleuten, Investoren und auch einigen Städteplanern eng zusammen arbeitete. Neu zu vermarktende Gebäude erhielt ich entweder durch Empfehlungen oder jemand meldete sich aufgrund meiner Anzeigen bei mir. Neue Erfahrungen standen auf der Tagesordnung und kein Tag glich dem anderen. Genau das machte mir Spaß.

Verhältnismäßig viele Neuseeländer kaufen alte Häuser, meist Villen oder Bungalows, auf, renovieren diese und setzen sie dann wieder auf den Markt. So erwirtschaften sie einen finanziellen Gewinn. Oft werden nur kosmetische Arbeiten benötigt, um den Wert eines Gebäudes zu erhöhen. Der Gedanke, unser Glück auch damit zu versuchen, schwirrte Hartmut und mir schon seit einer Weile im Kopf herum. Bisher hatten wir jedoch noch kein geeignetes Projekt gefunden.

Nach etwa drei Jahren in der gleichen Firma entschloss ich mich gemeinsam mit einer Kollegin, den Arbeitsplatz zu wechseln. Dafür gab es einen einfachen Grund: unsere Ausgaben schienen monatlich zu wachsen. Die Firma ließ uns den Großteil der Anzeigen selbst bezahlen, die Kosten für Benzin und Telefon übernahmen wir sowieso. Deshalb wechselten wir zu einem kleinen Maklerbüro, das nur noch sechs weitere Angestellte beschäftigte – und bloß zehn Minuten Fahrt von unserem Zuhause entfernt lag.

Außer für Telefon und Benzin hatten wir keine weiteren Ausgaben. Im Gegensatz zu unserer vorherigen Stelle arbeiteten hier alle „miteinander" anstatt als Konkurrenten gegeneinander. Das war auch der Hauptgrund für unseren Wechsel gewesen. Jetzt lief alles bestens. Ich genoss meinen Job, arbeitete mit sehr netten und hilfsbereiten Kollegen zusammen und konnte mir meine Zeit frei einteilen.

Einige Wochen später bot unsere Firma ein Haus auf den Markt an, das in der Nähe des Krankenhauses lag. Es handelte sich um ein großes Grundstück von circa Tausend Quadratmetern, mit einem Riesensortiment an Obstbäumen – Pfirsiche, Nektarinen, Apfelsinen, Zitronen, Pflaumen, Äpfel und vieles mehr. Ein aus dem Jahr 1920 stammender Bungalow gehörte auch dazu – und all das zu einem wirklich guten Preis. Das Telefon stand vor Nachfragen nicht mehr still und auch Hartmut und mir war schon die Idee gekommen, das Grundstück zu kaufen. Und warum auch nicht? So viele Leute schienen das Potential zu sehen, doch wir waren schneller.

Nachdem alle Formalitäten erledigt waren, begann Hartmut, an „seinem" Projekt zu arbeiten. Das verkörperte wieder einmal eine völlig neue Herausforderung in unserem Leben „*up north*". Die Nachbarn stellten sich vor und waren – wie so viele Kiwis eben sind – sehr hilfsbereit und nett. Sie brachten uns sogar Gerüste vorbei.

Unter der alten Blechverkleidung befanden sich die Original-*Kauri*-Dielen in exzellentem Zustand. Innen mussten die Türen abgeschliffen sowie neue Anstriche und einige Reparaturarbeiten in Angriff genommen werden. Aber man konnte sich schon recht gut vorstellen, was für ein Schmuckstück darunter verborgen lag.

Unser heutiges Leben

Wir haben uns gut hier oben im Norden der Nordinsel eingelebt. Als drittes Familienmitglied gehört nun „Pepper"– ein
Huntaway Cross, ein Schäferhundmischling – zu unserem
Haushalt. Der mittlerweile nicht mehr ganz so kleine Kerl hält
uns ordentlich auf Trab und würde Auckland sicherlich nicht
sehr mögen.

Ab und an fahren wir noch immer gern nach Auckland –
zum Einkaufen, Bummeln, um frisches Brot vom deutschen
Bäcker zu holen oder um Freunde zu besuchen. Von einem
dieser Freunde möchte ich nun kurz berichten:

Während der Zeit, als ich noch im *Guesthouse* arbeitete,
hatte ich natürlich viele Deutsche kennen gelernt, darunter
auch einen Zahnarzt. Er war so ein lustiger und unkomplizierter Mensch, dass es eine wahre Freude war, sich mit ihm
zu unterhalten. Wir blieben in Kontakt und etwa ein Jahr
später – im Juli – hatte auch er sich entschieden, in Neuseeland zu leben. Er fragte uns, ob er für eine Weile bei uns
wohnen könne, was natürlich kein Problem war. Wir drei verstanden uns bestens und hatten viel Spaß miteinander.

Ihm war es zunächst nicht erlaubt, als Zahnarzt in Neuseeland zu praktizieren. Dafür musste er das Examen auf Englisch nachholen – keine leichte Sache, aber er hatte es sich fest
vorgenommen. Bis dahin arbeitete er als Dentalhygieniker
in einer Zahnarztpraxis ganz in unserer Nähe. Mittlerweile
konnte er auch eine kleine Wohnung und ein Auto sein Eigen
nennen.

Kurze Zeit später zog er bereits in sein erstes eigenes Haus.
Inzwischen hat er auch alle notwendigen Prüfungen bestanden und arbeitet als Zahnarzt in Auckland. Neuseeland ist sein
neues Zuhause geworden und er kann es sich gar nicht mehr
vorstellen, wieder nach Deutschland zurück zu kehren. Wir
stehen noch immer in Kontakt und trinken ab und an einmal

Andrea und Hartmut in
Mt Eden, Auckland

ein Tasse Kaffee zusammen, um entweder in alten Zeiten zu
schwelgen oder Neuigkeiten über Auckland auszutauschen

Wer weiß, vielleicht ziehen wir auch irgendwann wieder
zurück in die *City of Sails*. Aber noch gibt es hier in Whangarei genügend Herausforderungen, die das Leben interessant
halten. Wir versuchen, jeden einzelnen Tag zu genießen und
unsere Jobs ernst zu nehmen. Uns ist bewusst, was für eine
Chance wir bekommen hatten, in diesem Land unsere eigene
Existenz aufbauen zu können.

Deutschland ist immer noch unser Zuhause und wird es
auch bleiben. Aber all die Erfahrungen, die wir in diesen elf
Jahren in Neuseeland sammeln konnten, geben uns mehr, als
wir uns je erhofft hätten. Und das wissen wir sehr zu schät-
zen.

Mehr als tausendmal wurden wir gefragt, ob wir wieder
zurück nach Deutschland gehen würden. Wir sind uns einig,
dass wir diese Frage zu diesem Zeitpunkt weder mit „ja" noch
mit „nein" beantworten werden. Beide Möglichkeiten stehen
uns offen – und damit möchten wir es im Augenblick auch
belassen.

Das Einzige, was uns hier wirklich fehlt, sind unsere Familien und unsere Freunde, mit denen wir den Großteil unserer
Vergangenheit erlebt haben. Dies war der größte Abstrich, den
wir machen mussten, als wir uns für Neuseeland entschieden. Jeder von ihnen führt zwar sein eigenes Leben, doch wir
können uns immer noch in mehr oder minder regelmäßigen
Abständen sehen. Im Endeffekt sind sie sehr oft und nah in
Gedanken bei uns.

Allein hätte ich diese Entscheidung nie getroffen. Dazu
hätte mir der Mut gefehlt. Aber da Hartmut und ich das gleiche Ziel hatten und wir wussten, dass wir aufeinander zählen
konnten, haben wir diesen Schritt gewagt. Bisher haben wir
diesen Neuanfang noch keine Minute lang bereut. Wir haben
damit unseren Traum erfüllt – einen Traum, den wir gemeinsam leben!

Was kostet das tägliche Leben?

Die Arbeitsbedingungen, wie wir sie in Neuseeland vorgefunden haben, und der Umgang mit Arbeits- und Finanzämtern, Regierungsbehörden und anderen Institutionen waren sehr positiv. Uns wurde Unterstützung angeboten, wo und wann immer wir sie benötigten.

Die Arbeitslosenquote in Neuseeland lag in den letzten zehn Jahren unter 5 %. 2007 waren es 3,6 %. Dadurch sind zum Beispiel Handwerker oft völlig ausgebucht. Es kann schon einmal vorkommen, dass man etwas länger warten muss, bis man ihren Service in Anspruch nehmen kann. Der Konkurrenzkampf ist nicht groß, was wiederum heißt, dass einige Arbeiten vielleicht nicht zur hundertprozentigen Zufriedenheit ausgeführt werden.

Die Möglichkeiten zur Selbständigkeit in Neuseeland sind gut. Mit der richtigen Motivation und Einstellung kann man unglaubliche Dinge in Angriff nehmen.

Das durchschnittliche Einkommen pro Person liegt zwischen $ 30.000 und $ 45.000 im Jahr. Es kann je nach Gegend stark variieren. Das Haushaltseinkommen hängt natürlich auch davon ab, ob alle Personen berufstätig sind und/oder Nebenjobs haben, was sehr üblich ist.

Nachfolgend ein Beispiel für ein jährliches Einkommen von $ 40.000 abzüglich fester Ausgaben für einen Zwei-Personen-Haushalt:

Tabelle 1: Ausgaben

	Pro Jahr	Bemerkungen:
Beispieleinkommen:	$ 40.000	für eine Person
Ausgaben:		
Rates (Grundsteuer) für's Haus	$ 1.000	umfasst Müllentsorgung und freie Benutzung von Bibliotheken
Haus- und Hausratversicherungen	$ 550	Richtet sich nach dem Wert des Hauses
Einkommensteuer	$ 8.070	
Private Krankenversicherung	$ 700	Für 2 Personen
Lebensmittelkosten ca.	$ 10.400	Ca. $ 200 pro Monat für 2 Personen
Auto Versicherung, Steuern und TÜV	$ 500	
Benzin	$ 1.560	Etwa 20 Liter pro Woche
Telefon und Internet (ASDL)	$ 1.500	
Strom	$ 1.080	Warmwassererzeugung ist elektrisch !
Heizkosten	$ 300	
Wasser	$ 168	$ 1.55 pro Kubikmeter
Verbleiben nach Abzug aller Kosten:	$ 14.172	

„Für immer Neuseeland"
Erfolgreich auswandern.
Der Autor Peter Hahn berät
seit 13 Jahren erfolgreich
Auswanderungswillige aus
Deutschland, Österreich
und der Schweiz. Er lebt mit
seiner Familie in Wellington.
(2. Aufl., MANA-Verlag 2008)

Die jährliche Einkommenssteuer ist je nach Einkommen gegliedert. Bei einem Verdienst bis $ 38.000 muss man 19,5 % Steuern zahlen, darüber fallen bis $ 60.000 33 % Steuern an. Bei einem jährlichen Einkommen von mehr als $ 60.000 steigen die Steuern auf 39 %.

In den Steuern ist eine Grundrente von circa $ 800 bis

$ 900 monatlich enthalten. Alle Neuseeländer und alle Personen mit Einwanderungserlaubnis, die mindestens zehn Jahre in Neuseeland gelebt haben, bekommen die Grundrente ab einem Alter von 65 Jahren. Allerdings wird jede weitere Rente, die man zum Beispiel aus Deutschland erhält, gegengerechnet und abgezogen.

Rentner bekommen zusätzliche Unterstützung – eine *Community Services Card* zur Minderung von Arztkosten und Medikamenten oder *Accommodation supplement*, was einem Wohnkostenzuschuss gleichkommt. Außerdem haben immer mehr ältere Menschen mittlerweile ein zweites Haus, welches vermietet ist und somit die Rente aufbessert.

Tabelle 2: Grundrente

	Wöchentlich (brutto)	Wöchentlich (netto)	Jährlich (netto)
Verheiratet (beide Personen haben Rentenanspruch)	$ 214.38 pro Person	$ 180.41 pro Person	$ 9,382
Verheiratet (nur eine Person hat Rentenanspruch)	$ 203.67 pro Person	$ 172.01 pro Person	$ 8,945
Alleinstehend (lebt mit anderen)	$ 260.12	$ 216.49	$ 11,257
Alleinstehend (lebt alleine)	$ 282.78	$ 234.53	$ 12,196

Eine zusätzliche private Krankenversicherung kostet mindestens um die $ 30 bis $ 50 pro Monat. Das erscheint erst einmal wenig. Aber man sollte sich davon nicht täuschen lassen. Die Leistungen sind trotzdem gut. Neuseeland hat eine staatliche Krankenversicherung, das heißt jeder Bürger oder Einwanderer mit Aufenthaltserlaubnis, der mindestens zwei Jahre im Land gelebt hat, ist automatisch krankenversichert. Wer aber mehr Wert auf individuelle

Pflege und angenehmere Räumlichkeiten legt, kann sich privat versichern. Die Lebensmittelkosten sind in beiden Ländern in etwa vergleichbar. Allerdings sind die Kosten in Deutschland in der letzten Zeit stark angestiegen und wir glauben mittlerweile, dass es in Neuseeland preiswerter ist. Man kann mit $ 200 pro Woche für Lebensmittel für zwei Personen gut auskommen.

Die Ausgaben für einen fahrbaren Untersatz und Treibstoff sind in Neuseeland günstiger. Bei einem Mittelklassewagen zahlt man für Haftpflichtversicherung und Steuern etwa $ 400 pro Jahr, die jährlichen Ausgaben für den TÜV belaufen sich auf ungefähr $ 100. Ein Liter Treibstoff kostet um die $ 1,50 (Stand 2007).

Die Heizkosten im Winter betragen, je nach Art der Heizung, etwa $ 200 bis $ 400 im Jahr. Wärmepumpen sind zur Zeit der große Renner. Sie kosten circa $ 4.500 inklusive Einbau. Die günstigste Variante ist immer noch der gute, alte Kamin, der fast in jedem Haushalt Neuseelands zu finden ist.

Die Stromkosten liegen zwischen $ 50 und $ 120 im Monat. Dies beinhaltet die Warmwasserbereitung. Solaranlagen können diese Ausgaben allerdings bis zu 65 % minimieren. Die Kosten dafür betragen bei staatlicher Förderung ungefähr $ 4.000 inklusive Einbau. Da es auch im Winter unzählige Sonnentage gibt, können wir Solarkollektoren nur „wärmstens" empfehlen.

Fast jeder Neuseeländer hat noch ein zweites Einkommen – sein Haus. Immobilien und Grundstücke unterliegen einem hohen Kapitalwachstum. Der Markt boomt augenblicklich so sehr, wie wir es weder in Europa noch in den USA bisher gesehen haben. Da Neuseeland einen regelmäßigen Bevölkerungszuwachs durch Immigranten erfährt, steigt die Anfrage nach Grundstücken und Häusern ständig.

Durch unseren Kiwi-Bekanntenkreis und auch aus eigenen Erfahrungen wissen wir, dass durch Hauskäufe und -verkäufe nebenbei alle drei bis vier Jahre zusätzliche $ 100.000 netto verdient werden können. Diese Zahlen variieren natürlich. Kauft man ein Haus als Investment, renoviert und vermietet es, können die Mieteinnahmen den aufgenommenen Kredit abzahlen. Oder man verkauft es mit Gewinn und nimmt diesen Betrag für die Anzahlung eines neuen Projektes. Einige Neuseeländer haben das Renovieren und Verkaufen von Häusern zu ihrem zweiten Beruf gemacht und erzielen dadurch beträchtliche Gewinne. Auch die Banken vertrauen in den Häusermarkt und gewähren Kredite bis zu 95 %.

Die oben aufgeführten Daten geben einen Einblick in einen Zwei-Personen-Haushalt mit realistischen Einnahmen und Ausgaben. Sie sind für all diejenigen hilfreich, die ein Leben in Neuseeland in Erwägung ziehen.

Viel Glück für jeden, der den Wohnortwechsel in Angriff nehmen möchte. Es lohnt sich!